Erich K. Ritter

Das Lächeln der Haie

Gedanken und Geschichten
aus dem Leben eines Haiforschers

Verlag Dr. Werner Steinert
Postfach 3207
58423 Witten

Die Deutsche Bibliothek - CIP-Einheitsaufnahme

Ritter, Erich:
Das Lächeln der Haie - Gedanken und Geschichten
aus dem Leben eines Haiforschers /
Erich Ritter. - Witten : Steinert, 2001

IISBN 3-931309-07-X

Schluß-Redaktion: Jutta Braß
Fotos: Tom Campbell (Weißer Hai), Doug Perrine (Zitronenhai),
Erich Ritter (Ammenhai), Klaus Jost (Biographie)

Satz und Druck: MaroDruck Augsburg

Für Bogy und Niki

Vorwort des Verlegers

Es begann mit Suche nach der Identifizierung eines Hais, den ich im Urlaub mit der Kamera festhalten konnte: „*Ginglymostoma cirratum*“ oder „*Nebrius ferrugineus*“ war die Frage. Eine Suche auf dem Internet blieb erfolglos, bis ich auf die Hai-Stiftung stiess und denen mein Problem offenbarte. Kurze Zeit verging und ich bekam von einem gewissen „Erich Ritter“ aus Miami die Antwort: *Ginglymostoma cirratum*.

Bei der Identifizierung dieser einen Art blieb es nicht und es entwikkelte sich ein intensiver elektronischer Briefwechsel, der schließlich auf einer kleinen Insel in den Bahamas endete, wo ich dort den Forscher persönlich kennenlernte.
Erich entführte mich mit seinen Geschichten in die Welt der Haie. Es brachte mich diesen Tieren näher und löste in mir eine Faszination aus, die ich nicht für möglich gehalten hätte.

Das vorliegende Buch erzählt aus seinem Leben als Haiforschers - es erzählt von den nicht-akademischen Beobachtungen, von den Emotionen, die sich nicht in naturwissenschaftlichen Strukturen fassen und wiedergeben lassen. Es erzählt auch vom Menschen, vom Weltbürger Erich Ritter, der überall da zuhause ist, wo seine Freunde, die Haie leben - ob Hawaii, Südafrika oder die Malediven. Und der über alle dem nicht seine eidgenössischen Wurzeln verleugnet - ein Tagebuch mit schweizer Intonation und Wortwahl.

Dr. Werner Steinert — im Dezember 2000

Das Erscheinen

Sanfte, weiche Strahlen dringen durch das tiefblaue Wasser. Ein Bild aus einer anderen Welt. Greifbar nahe und wirklich scheinen diese Sonnenstrahlen zu sein, die die Umgebung in ein weiches Licht tauchen - Natur in ihrer schönsten Vollendung! Die Umgebung gleicht einer Kathedrale mit einem Fenster, welche die Strahlen gebündelt in den Raum lässt und den Beobachter in Ehrfurcht versetzt; ein Zustand, in dem Flüstern selbstverständlich wird und Ehrfurcht eine neue Form der Präsenz erhält.

Ringe, Wellen und andere Muster werden auf seinen Rücken gemalt und lassen ihn golden erscheinen. Die Muskeln erhalten eine neue Form von Leben. Ein Spiel des Lichts und der Farben. Die ganze Gestalt nimmt eine noch nie wahrgenommene Grazie an. Der golden und bronze schimmernde Körper gleitet sanft durch das tiefblaue, von Sonnenstrahlen in eine Galerie des Lichtes versetzte Welt. Sekunden werden zu Ewigkeiten und Empfindungen füllen Bände. Ein Körper von perfekter Schönheit gleitet durch diese endlose Szenerie der Zeit. Majestätisch gelassen und sich seiner Überlegenheit bewusst, perfektioniert in Millionen von Jahren, unangefochten in seiner Herrschaft und jeder noch so großen Herausforderung überlegen, stellt er sich den Gesetzen der Natur. Von den einen als Gottheit verehrt, von den anderen gefürchtet wegen seiner grenzenlosen Überlegenheit und Stärke. Sein bloßes Erscheinen erzeugt Gefühlswellen.

Ehrfurcht, Angst, Faszination oder pure Sprachlosigkeit sind Attribute, die eine solche Begegnung nur grob umreißen, doch kaum genau beschreiben können. Er ist der König, sie sind die Könige der Meere, die Herrscher der Ozeane, sie kontrollieren das Geschehen in einer perfekten Weise. Ihr Dasein ermöglicht das Leben in den Meeren, ihre Kontrolle hält alles im ausgewogenen Gleichgewicht. Sie waren lange vor uns da und werden noch hier sein, wenn wir schon wieder von diesem Planeten verschwunden sind.

Tiere der Superlative - und die wohl perfekteste Kreation der Natur: Haie.

Die entscheidende Begegnung

Einer meiner ersten Tauchgänge mit Haien ist es, der mein ganzes späteres Leben verändern soll; das große Erwachen, ein Eintreten in eine andere Welt.

Ich tauche ab und verfolge mit meinen Augen eine große Schule Grauer Riffhaie. Ein beeindruckender Anblick: blaues Wasser, eine end- und zeitlose Ruhe und eine Präsenz, die alles andere klein und nichtig erscheinen lässt. Die Grazie der Haie - und das wird mir schon bei meinen ersten Begegnungen mit ihnen klar - ist unter den Meerestieren unerreicht.

Doch diese Ruhe, Unendlichkeit und Zeitlosigkeit wird durch etwas gestört: durch andere Taucher, die mit mir hier unten sind. Sie sind sichtlich weniger fasziniert und nehmen dieses einmalige Schauspiel fast schon gleichgültig auf. Warum sind die Leute überhaupt hier? Ich weiß es nicht. Weshalb sind sie nicht in der Lage, dieses einmalige Geschehen als solches zu sehen und sich wie ein Kind an einer schönen Sache zu erfreuen? Auch das weiß ich nicht. Vielleicht liegt es daran, dass Faszination nur dann noch ungehemmt ist, wenn etwas spontan und nicht nach Plan passiert. Möglicherweise ist es doch einfach so, dass in unserer Übersättigung auch ein Schauspiel in freier Natur lediglich die dreidimensionale Bestätigung von etwas darstellt, das man schon hunderte Male im Fernsehen gesehen hat. Eine Bestätigung des Bekannten.

Ich bin Teil einer Tauchergruppe, die speziell zum Hai-Tauchen hergekommen ist, doch fühle ich mich schon auf dem Schiff nicht als Teil dieser Gruppe. Ich frage mich *dort* bereits, wie man nun über banale alltägliche Dinge diskutieren kann, wo wir doch in einigen Minuten Haie sehen werden. Ich wurde früher schon und werde auch jetzt noch immer wütend, wenn die Minuten davor nicht in Ruhe und Besonnenheit verstreichen können. Haie sind für mich keine Konsumware, sondern einzigartige Geschöpfe, die eine innerliche Vorbereitung verdienen.

Und auch heute, viele Jahre später, werde ich oft von Tauchern auf dem Boot kurz vor dem Tauchgang aufgerüttelt mit Worten: „Schläfst du? Wach auf! Du hattest wohl wieder einen langen Abend.” Und meine Antwort ist und bleibt immer dieselbe: „... ich bereite mich auf meine Tiere vor...” Vor Jahren konnte ich noch nicht in Worte fassen, was in mir vorging, doch war es bereits vorhanden.

Wir tauchen also ab und lassen die Schauspieler der Naturbühne an uns vorbeigleiten. Schauspieler vielleicht nur aus meiner Sicht, denn bald schon sehe ich die Taucher andere Dinge beobachten und fühle mich gestört. Ich versuche sie zu ignorieren, ähnlich wie dem lästigen Rascheln im Theater einige Reihen hinter mir und frage mich, ob nur ich allein es bin, der sich sichtlich aufregt. Zumeist reagiere ich gleich, versuche mich von der Störung mit dem Gedanken zu lösen, dass die Schauspieler auf der Bühne zu lange schon gearbeitet haben, so dass ich ihnen nun nicht ihre verdiente Aufmerksamkeit schenke, weil ich einen Konsumenten beachte, der es nicht besser weiß bzw. nicht versteht, was ihm das Schauspiel zeigen will. Ich löse mich vom „Rascheln "der unaufmerksamen Taucher, folge den Bewegungen der Haie und fühle mich schon bald wieder sehr eng mit ihnen verbunden. Irgendwie verliere ich das Gefühl für Raum und Zeit. Könnte es sein, dass meine Atmung, die man ja unter Wasser sehr gut hört, mich in eine meditative Form versetzt, ausgelöst durch die rhythmischen Töne, ähnlich wie es bei Urvölkern durch Trommeln geschieht? Damals wusste ich es nicht... Zu dem Zeitpunkt fragte ich mich das nicht , aber heute, wenn ich mich daran erinnere, ist mir klar, was da passierte.

Ich sehe die Haie vor mir, sie schwimmen scheinbar ohne Kraftaufwand an mir vorbei und betrachten mich mit ihren neugierigen Augen. Ich schaue, fühle, träume und plötzlich, zwischen all diesen Empfindungen, scheint es mich von dem Ort wegzuziehen, als ob mich ein unsichtbarer Platzanweiser von meinem Sitz in einen anderen Rang des Theaters weist, weil ich auf dem falschen Platz saß. Ich folge ihm, denn irgendwie scheint der Anweiser mir sehr bestimmt zeigen zu wollen, wo mein Platz sein soll. Es ist zwar zu dunkel um etwas

zu erfassen, doch zumindest hell genug, dass ich die Richtung erkenne - oder zu erkennen glaube.
Diese Geschichte nahm damals einen eindrücklichen Verlauf. Noch heute erzähle ich sie gerne und spüre jedes Mal dieses eigenartige Kribbeln, sobald ich davon zu berichten beginne. Und so geht es weiter...

Ich löse mich also von meinen Haien und beginne darauf loszuschwimmen. Die Initiative dazu geht nicht von mir aus, sondern ich werde vielmehr gezogen oder angewiesen, so und nicht anders zu schwimmen. Wohin? Ich habe keine Ahnung, frage mich das auch gar nicht und lasse mich einfach leiten. Heute weiß ich, dass mein Unterbewusstsein sich da mit einem dieser Tiere verbunden hat, ich *empfinde* eine Schwingung und sie zieht mich weg. Während der nächsten Minuten lege ich eine beträchtliche Strecke gegen eine starke Strömung zurück. Zum eigentlichen Zeitpunkt des Erlebnisses bemerke ich es nicht, sondern erst später, als ich nochmals an diesen Ort zurückkomme um mir anzuschauen, wo ich seinerzeit meine erste wahre Begegnung mit einem Hai gehabt habe.

Meine Intuition bringt mich an einen Ort, wo es keine Haie mehr gibt, keine Begegnung mit anderen Tieren und außer einer ziemlich starken Strömung wenig, was ich als atemberaubend oder außergewöhnlich beschreiben würde. Als ich diesen Punkt erreiche, fühlte ich mich wieder in meine „normale" Welt versetzt und beginne meine Umgebung zu analy-sieren. Ich fragte mich: „Was machst du hier, wieso kamst du an diesen Ort?“ und viel wichtiger: „Wo sind die anderen Taucher?” Ich bin allein, in fast fünfund-zwanzig Meter Tiefe, hänge in einer beträchtlichen Strömung und habe trotz starker Konzentration nur eine ungefähre Ahnung, wo ich meine Tauch-kameraden suchen muss. Aber irgendetwas hindert mich daran damit sofort zu beginnen. Suchen stünde wohl an oberster logischer Stelle, wenn man bedenkt, dass meine Tauchflasche wohl bald an den Punkt gelangen wird, wo ein Auftauchen ratsam ist. Dies wäre jedoch hier, wo ich mich befinde, mehr als falsch, denn bei einer solchen Strömung würde ich zwar die Oberfläche erreichen, allerdings bereits weit abgetrieben. Und trotzdem lässt mich dieser Platz nicht los und das rationale Denken gleitet wieder über die Arena und hämmert: kahl, nichts, Strömung, Luft, Kameraden - und die andere Stimme haucht: *bleib*!

Diese innere Stimme hält mich wohl einige Minuten an dem Platz und ich starre einfach ins Blaue. Hätte mich jemand dort gesehen, ich glaube, man hätte mich für unzurechnungsfähig gehalten. Ich wäre mit Sicherheit der Erste gewesen, der Witze über derartigen „Unfug” gemacht hätte. Eigentlich bin ich jetzt ganz froh, dass mich hier niemand sieht, denn sonst hätte ich erklären müssen, weshalb ich das oberste Tauchergesetz verletzt und mich von meinen Tauchpartner getrennt habe.

Ich starre ins Blaue, versuche mich in der Strömung zu halten und warte - worauf? Wer kennt nicht das Gefühl, man spürt irgendwo etwas, aber man kann nicht erklären, was es ist und doch hindert es uns daran etwas zu tun oder zu lassen. Und plötzlich fühle ich es, spüre überdeutlich, etwas *beobachtet* mich. Vorne nichts, seitlich nichts und das macht mir klar: Was immer mich hierher brachte und mich leitete, ist hinter mir. Ich beginne mich langsam zu drehen. Und da steht er, keinen Meter von mir entfernt, in der stärksten Strömung ohne sichtliche Bewegung - der wohl schönste Hai, den ich je gesehen habe! Sie ist wunderschön, ein ausgewachsenes Weibchen - und sie befindet sich direkt auf Augenhöhe und betrachtet mich. Ich weiß nicht mehr, was ich zu diesem Zeitpunkt alles getan habe, wie ich mich gefühlt habe, denn allzu überwältigend ist die Präsenz dieses Tieres! *Sie* ist es gewesen, die mich an diesen Platz dirigiert hat und mir nun ermöglicht sie für einen kurzen Augenblick von Nahem zu sehen. Die Schauspielerin ist von der Bühne herabgestiegen, hat mich aus dem Auditorium geführt und gibt mir nun die Möglichkeit sie alleine von Nahem zu betrachten. Ich weiß nicht mehr, wie lange ich sie so anschauen kann, vielleicht Sekunden oder Minuten? Doch das spielt keine Rolle, denn ich bekomme, was vorher wohl noch nie jemandem ermöglicht worden ist: die Gelegenheit, einen „Hauptakteur" von der Bühne der Natur kennenzulernen. Eine Gestalt, die Tag für Tag Tauchern zu zeigen versucht, dass dieses Schauspiel mehr ist als eine reine Unterhaltung, sondern eine Aufforderung zu fühlen, spüren und zu handeln. Solche Bühnen wird es bald nicht mehr geben, sollten wir nicht alle zusammen mithelfen, dass ihre Kulissen und Darsteller geschützt werden.

Der Vorhang fällt, und sie schwimmt wieder ins tiefe Blau hinaus, allerdings nicht ohne mich vorher von meinem Platz zu lösen, mich für einige Meter mitzuziehen und an den Punkt zu bringen, wo ich etwas sehr wohl Vertrautes sehe - meine Tauchpartner.

Heute bin ich immer noch mehr als nur stolz, dass einer dieser herrlichen Schauspieler der Natur die eine Schwingung aus dem Publikum herausgespürt und mich aus der Menge geführt hat um in mir den kleinen Samen zu pflanzen mich für sie einzusetzen. Meine angebetete Schauspielerin - du hast allen deinen Freunden und Kollegen einen großen Dienst erwiesen. Ich kämpfe nun ein Leben lang für die Erhaltung aller Auditorien und Schauspieler!

Schwingungen: ein Mittel der Sprache

Ich sitze wieder einmal auf dem Boot, ziehe mir wieder einmal die Flossen an, richte meine Maske, ziehe meine Handschuhe an, wieder einmal, wieder einmal - und doch kann ich kaum warten, bis ich endlich *wieder* hinunter kann. Der Sprung ins Wasser bedeutet für mich den Schritt zu meinen Tieren. Ich tauche ein und da sind sie. Sie erwarten mich, ich spüre es. Die Schwingungen sind gut, es wird ein eindrücklicher Morgen. Wir tauchen in der Gruppe ab, warten, bis sich alle gesetzt haben und wir mit dem Rodeo beginnen können. Eigentlich ein nicht zutreffender Ausdruck, denn hier wird nicht geritten, gekämpft und abgeworfen, sondern höchstens gejauchzt, wenn ein Hai an einem Taucher vorbeizieht und seine Form und Pracht wie ein Meer aus verschiedenen Farben leuchten. Was Augen beim Erkennen der Farben empfinden, fühlt sich etwa so an, als ob man offen für Schwingungen ist, die vom Hai abstrahlen.

Zunächst betrachte ich erst seinen Körper, da er meist noch zu weit weg ist um mit ihm in Kontakt treten zu können. Seine Schwanzbewegung ist harmonisch und „untersetzt". Untersetzt? Zwar bewegt er sich stetig, doch steht die Bewegung der Schwanzflosse anscheinend in keinem Zusammenhang zu der Geschwindigkeit, der Hai scheint schneller zu schwimmen bzw. zu gleiten als die Anstrengungen vermuten lassen. Er „lässt sich gehen" und verbreitet in mir ein gutes, entspannendes Gefühl. Ein ähnliches Empfinden, wie es von einem edlen Glas Rotwein vor dem Kaminfeuer ausgeht. Ein Schluck und man glaubt eine Wirkung zu spüren, doch in Wirklichkeit wird die ausgelöst durch die warmen Gefühle, die damit verbunden sind. Der Hai kann solche Emotionen verbreiten? In gewissen Momenten schon. Zwar bin ich nicht in der Lage alle Tiere aus der Masse aufzuspüren, die mir die guten Schwingungen zusenden, doch finde ich immer einzelne Tiere, deren Harmonie sich so stark entfaltet. Hierdurch unterteilt sich die scheinbar ausdruckslose Masse der Haie in eine Mischung aus einzelnen Individuen, die sich unterschiedlich von den Geräuschen der Umgebung abheben.

Das bedeutet allerdings nicht, dass ich von einzelnen anderen Tieren keine Schwingungen aufnehme, sondern ich verstehe sie nicht, kann ihre Wellen nicht übersetzen, nicht interpretieren. Die Zeit wird mich jedoch lehren, auch deren Ausdrucksweise zu erspüren um früher oder später mit ihnen in Kontakt treten zu können.

Und endlich kommt der Hai näher. Seine Schwimmbewegung ist „seitlich“; die einzige Möglichkeit für ihn mich voll zu erfassen und zu spüren. Er schwimmt in einem bestimmten Winkel auf mich zu um mich nicht nur mit den Augen erfassen zu können, sondern auch mit dem Seitenlinienorgan, dem „Distanzen-Fühler“. Damit registriert ein Hai einerseits, wie weit entfernt ich mich von ihm befinde, anderseits aber auch, was für Schwingungen ich aussende. Die Wahrnehmung der Haie geht bei weitem über unser Empfindungsvermögen hinaus und was für uns unbegreiflich erscheinen mag, ist für einen Hai eine Grundeigenschaft um seine täglichen Interaktionen erfolgreich durchführen zu können.

Nun hat der Hai endlich meine Schwingungen aufgenommen. Vielfach glaubt man, ein Hai ziehe scheinbar gleichgültig an einem Menschen vorbei, doch wird er in Wirklichkeit von einer konzentrierten Aufmerksamkeit beherrscht. Hat hier die Natur nicht sehr verständnisvoll gehandelt? Anstatt in uns eine Panik heraufzubeschwören bei voller Konzentration des Tieres, bleiben wir im Glauben, dass der Hai uns gleichgültig an der Seite liegen lässt. Ich war sehr froh, als ich merkte, dass die Natur solche Sicherheits- und Puffersysteme einbaut. Nicht deswegen, weil *ich* mich beruhigen konnte, sondern weil dadurch so manchem Hai durch überhastige Sporttaucher weniger Schaden zugeführt wird.

Auf der anderen Seite ist es für mich natürlich die größte Freude, wenn ich feststelle, dass mich ein Hai beobachtet und ich für ihn während eines kleinen Zeitpunkts das Wichtigste bin, was sich in seiner Welt befindet. Eine solche Situation muss analysiert werden, nicht in einem wissenschaftlichen Rahmen, sondern aus dem Bauch heraus, mit der Intuition, dem Gefühl. Doch warum nicht wissenschaftlich? Die Wissenschaft verbietet unserem Denken, nicht beweisbare Indizien mit einzubeziehen. Dass sie sich dadurch vielen Quellen verschließt, ist klar. Wissenschaft hat ihren Stellenwert, doch steckt sie in Sachen Verhalten, Kommunikation und Interaktion mit Tieren immer noch in den mit Vorurteilen beladenen Kinderschuhen.

Was bedeutet eine Begegnung mit einem Hai für mich? Sie gibt mir wesentlich mehr als nur den „Ich-sehe-dich-du-siehst-mich"-Charakter, die Situation ist viel komplexer. Zwei Wesen treffen aufeinander, zwei Schwingungswelten feuern gegeneinander, zwei Empfangswelten versuchen Schwingungen in Bruchteilen von Sekunden zu analysieren und Hormone kommen in gleich kurzer Zeit zu Ergebnissen, was analysiert wurde und ob eine Reaktion notwendig ist, die Aggression, Vorsicht oder Entspannung bewirkt. Ein ungeübtes Auge hingegen sieht nichts außer einem Hai, dem es scheinbar egal ist, ob wir gerade hier sind oder nicht. Woran liegt das? Weshalb sind wir Menschen so blind? Die Ursache ist darin begründet, dass wir nicht mehr in der Lage sind unser dominantes, analysierendes, rational denkendes Ich auszuschalten. Wir sind nicht mehr in der Lage unseren Geist von solchen aufoktroyierten Dingen zu lösen, ihn wandern und nach Lösungen oder Anhaltspunkten suchen zu lassen.
Wird der Psyche ein Weg gegeben sich den Denkschablonen zu entziehen und ihr die Möglichkeit offeriert dem Unterbewusstsein eine kontrollierende, steuernde Funktion zu geben, dann werden plötzlich jene Schwingungen in greifbare Empfindungen übersetzt, die auf einem universellen Niveau miteinander kommunizieren und uns wieder zu einem Teil der allumfassenden Evolution und Gemeinschaft werden lassen.

Ein Hai ist nicht ein Wesen aus einer anderen Welt, lediglich ein Wesen, dessen Sprache wir anscheinend nicht mehr verstehen.

Die kleine Delegation eines Botschafters

Ich liebe die Bahamas. Sie sind ein Traum für jeden, der Haie zu seinen Freunden gemacht hat und fast schon Garant für eine Begegnung mit ihnen, wo immer man in diese Gewässer auch hineinspringt. Und das absolute Hai-Mekka schlechthin ist „Walker's Cay". Es gibt wohl in der westlichen Hemisphäre keinen anderen Ort, wo der Ausdruck „Hai-pur "eine nachdrücklichere Form bekommt - ein Traum für Haiophile und andere Suchende. Doch nicht nur das Wissen, dass hier die Haie um die Gunst der Taucher buhlen, gibt diesem Ort das gewisse Etwas, sondern auch das Tropische, Verführerische. Diese Insel zieht jeden sofort in ihren Bann. Walker's Cay aber ist mehr. Dieser kleine Felsen nahe dem offenen Atlantik, am äußersten Zipfel der Abaco Islands gelegen, fasziniert durch eine Ruhe und Abgeschiedenheit, die auch dem überzeugtesten Stadtmenschen eine neue Dimension von Leben öffnet.

Wir machen uns bereit auf das Boot zu gehen. Neue Taucher sind eingetroffen und prügeln sich um Reviere auf dem Schiff – Tauchboot-Atmosphäre. Woran liegt es, dass man, wohin auch immer man kommt, sofort Reviere abzustecken beginnt, sei es durch Taschen, Tücher oder einfach durch wildes Herumfuchteln? Ein Tauchboot wäre ein idealer Studienplatz für Psychoanalytiker.

Ich sitze auf den Steg, zusammen mit Tipper, meinem vierbeinigen Freund. Wir betrachten das Tun und Treiben der „Frischlinge“. Ob diese Taucher wohl deshalb so übertrieben agieren, weil es ihr erster Tag in Walker's Cay ist oder weil sie heute zum ersten Mal „Hai-pur” spüren werden? Nun, wie aufgrund ihrer teilweise sehr auffallenden T-shirts ersichtlich ist, sind die meisten von ihnen schon an weiter entfernten Punkten getaucht als ich und sollten dementsprechend bereits einige Hai-Erfahrungen mitbringen. Dennoch sehe ich bei einigen Teilnehmern der Gruppe typische Symptome von „Hai-Zappeln“. Ein Taucher überspielt das durch eine scheinbare Gelassenheit, ein anderer hantiert an seinen Instrumenten und, obwohl er sie sicher schon etliche Male montiert hat, wird der Vorgang wieder zum Denkspiel. Und dort ist jemand, der sehr laut seine Ausrüstung kommentiert... Woran liegt es, dass der bloße Gedanke an Haie solche Verhaltensweisen auslösen kann? Ich weiß es nicht, denn selbst durchlief ich keine solche Phase.

Weshalb eigentlich nicht? Was lief bei mir anders? Vielleicht bin ich deswegen eine Ausnahme, weil ich nicht am Meer aufgewachsen bin und mir als junger Mensch meine Tauchgänge sowie Begegnungen mit Haien mit Hilfe von Büchern, Bildern und Filmen ausmalen musste. Gerade Hai-Filme waren in meiner Jugend sehr präsent, doch *ein* Film ließ in mir *nie* diese omnipräsente Angst aufkommen: Der weiße Hai. Mein Unterbewusstsein stellte nie die Verbindung her zwischen einem Hai-Gebiss und menschlichem Futter.

Wir Menschen haben eine nicht zu beschreibende Angst vor den Tiefen und davor, was dort unten auf uns lauern könnte. Die Frage stellt sich allerdings weniger nach dem *was*, sondern vielmehr nach dem *wieso*. Nehmen wir uns nicht ein bisschen sehr wichtig zu glauben, dass alles, was in den Tiefen herumschwimmt, nur den einen Drang hat uns zu attackieren? Ich bin der vollen Überzeugung, dass wir eine Antwort auf unsere Ängste nicht im Wasser suchen müssen, sondern dass der Schlüssel dazu in uns selber liegt, in einer ganz anderen Form des Unbehagens. Wir erfahren lediglich durch die Tiefen des Meeres eine visuelle Projektion unseres angsterfüllteren Ichs .

Ich glaube, dass Schwimmen mit Haien und die dadurch entstehende Konfrontation mit unseren innersten Ängsten wahre Wunder bewirken könnte. Der Hai als psychologisches Hilfsmittel.

Gibt es etwas Besseres, als seinen Ängsten zu begegnen und sich mit ihnen auseinanderzusetzen? Außerdem gibt es noch den Gruppen-Effekt: Man sitzt im selben Boot mit Leuten unterschiedlicher Hautfarbe von anderen Erdteilen dieses Planeten, die alle dasselbe Problem haben - „Hai-Zappeln“. Natürlich ist es *nicht* der Hai, der an allem Schuld ist, er dient lediglich als Symbol für die Dinge, die uns ängstigen. Die Angst vor Haien ist weit verbreitet und ein Phänomen, das erstaunt, denn auch gerade unter den Inselvölkern gibt es einige, die in diesen Tieren eine drohende Gefahr sehen. Das ist eigentlich unverständlich, denn sie müssten doch von Klein auf gelernt haben mit ihnen zu leben. Ich kenne Bahamesen, die für nichts auf der Welt mit meinen Haien ins Wasser springen würden, mit Tieren also, mit denen sie aufgewachsen sind - oder eben nicht. Doch auch für die Menschen, die das Meer nie sahen, sind Haie die geformten Angstprojektionen schlechthin.

Das Boot gleitet durch das glasklare Wasser und die Sonne verfärbt das Meer zu einem türkisblauen Feld. Korallen ziehen unter uns vorbei und auch Schatten von Adlerrochen sind leicht auszumachen. Keine Wolke am Himmel, die See ist glatt und in einigen Minuten werde ich meine Freunde sehen: „Freckles", „Freight Train", „Lucky"... Ich lasse meine Augen schweifen, betrachte am Horizont einzelne Inseln, die immer kleiner werden und auch die Gespräche der Taucher scheinen in weite Ferne zu rücken; nur noch wenige Wortfetzen dringen zu mir herüber. Ich löse mich von der realen Welt und versuche mit meinen Freunden in Kontakt zu treten. Diese Momente vor dem eigentlichen Tauchgang gehören zu den ungetrübtesten in meinem täglichen Leben. Man schließt mit der realen Welt für einige Stunden ab, konzentriert sich und lebt für kurze Zeit nur für das, was unter der Wasseroberfläche passiert. Zwar ist das nur ein kleiner Moment im Leben, aber eine Ewigkeit im Hinblick auf die Erinnerungen und Eindrücke.

Ich liebe meine Haie, sie geben mir eine tiefe Zufriedenheit und überzeugen mich immer wieder aufs Neue, dass ich für sie weiterkämpfen muss um sie zu schützen. Es ist meine tiefste Überzeugung, dass mich meine Tiere brauchen. Ab und zu kommt es mir so vor, als ob sie mir eine kleine Delegation schicken, wenn ich hineinspringe, die sich vor mir präsentiert und förmlich versucht, sich in meinem Gemüt dauerhaft einzubrennen, damit ich bestimmt nie vergesse, weshalb ich auf dieser Welt bin. Gibt es eigentlich den Beruf eines Hai-Botschafters? Ich weiß es nicht, aber so nannte mich einmal ein bahamesischer Zöllner, als er mich fragte, was ich eigentlich immer mit all meiner Ausrüstung so treibe, die ich vor ihm aufbaute. Während der Suche nach meinem Pass erklärte ich es ihm. Vielleicht war es seine Insellogik, erst hörte er interessiert zu, was ich mit Haien mache, was ich mit ihnen in naher Zukunft tun und was mich wohl für den Rest meines Lebens beschäftigen würde - und dann gab er dem Ganzen eben einen Namen: Hai-Botschafter. So sei es.

Ich springe ins Wasser. Es ist wirklich glasklar, die kleinen Luftblasen um mich herum verziehen sich, und ich sauge das Blau-Blau des Meeres förmlich in mich auf. Einer Gewohnheit folgend, drehe ich mich um die eigene Achse um eine Übersicht zu bekommen und hier steht auch schon eine Delegation: wenige Tiere nur, doch werde ich begrüßt. Ich fühle mich als Hai-Botschafter. Zwar habe ich keines der gängigen Attribute eines Botschafters, doch habe ich etwas, womit ich wohl den meisten meiner Gilde den Rang ablaufen würde: Durchhaltewillen über die Amtszeit hinaus. Haie sind meine Welt und werden es immer bleiben.

Der Tag wird kommen, an dem ich nicht mehr tauchen und das Bett nicht mehr verlassen kann, aber solange ich atme, werde ich alles tun, damit Haie nicht durch Gier, Sucht und Gleichgültigkeit zerstört und ausgerottet werden. Hai-Botschafter auf Lebenszeit.

Der enge Weg eines Suchenden

Ich bin wieder einmal auf der Suche nach einer Antwort auf die Schwingungen, die ich seit einigen Minuten empfange, doch sehe ich weit und breit keinen Hai. Der „Tatort“: eine Insel oder vielmehr ein Riff in den Malediven. Ich schwimme, warte, schaue, bewege mich weiter und bin sicher, dass die Quelle der Schwingungen irgendwo hier herumschwimmen muss.

Ich schaue konzentriert ins Blaue. Meinem Tauchpartner habe ich mitgeteilt, was wir machen und er schwimmt zwar brav hinter mir her, doch sichtlich anzweifelnd, was ich vorhabe. Natürlich kenne ich kein Unterwasserzeichen um auszudrücken, dass ich Schwingungen von einem Hai aufgenommen habe und ich jetzt auf der Suche nach ihm bin. Deswegen mache ich einfach einige wichtigtuerische Gesten, z.B. aufs Auge zeigen, Kreise andeuten und einige andere Dinge... Wie auch immer, mein Partner wird früh genug sehen, was ich schließlich meine und tauche weiter.

Wo ist der Hai, weshalb werde ich gezogen, ohne dass er sich zeigt? Auch wenn ich nur eine Schwanzflosse sehen würde, so gäbe mir das ein beruhigendes Zeichen. Ich bin nicht beunruhigt im eigentlichen Sinne, eher freudig erregt, aber Schwingungen auffangen kann man nicht gerade als exakte wissenschaftliche Darstellung bezeichnen. Und ich paddle weiter. *Flosse*, das ist es! Weshalb schaue ich bloß ins Blaue, es könnte sich ja auch um einen der eher verschlafenen Gesellen handeln, einem Ammenhai oder dergleichen. Ich verlagere meinen Blick hinein ins Riff und keine Minute später sehe ich ihn auch schon, oder besser gesagt, Teile davon. Es *ist* ein Ammenhai, der sich mit dem Kopf in einer Höhle vesteckt hat, jedoch so groß ist, dass der Schwanz draußen geparkt wurde. Bereits auf Grund der Schwanzlänge kann ich abschätzen, hier ein Tier vor mir zu haben, das die drei-Meter-Grenze mühelos erreicht.

Ich nähere mich vorsichtig dem Hinterteil des Haies, denn ich möchte ihn nicht erschrecken. Doch wie soll ich ihn vermessen, wenn er so tief im Loch liegt? Da gibt es wohl nur einen Weg: hineinkriechen. Die Höhle ist allerdings nicht gerade das, was man als Doppelgarage bezeichnen könnte und es wird sicherlich ziemlich eng werden. Wie auch immer - ich lasse es mir nicht nehmen, das Tier zu messen, denn glaubt man den Literaturangaben und meinen Kollegen, so besitzt der Ammenhai vor mir Rekordgröße.

Ich lege mich auf den Boden, lasse meine gesamte Luft aus der Taucherweste und beginne mit dem Unternehmen „Ammen-Länge". Ich mache gute Fortschritte, winde mich an ihm vorbei und bin bereits auf Bauchhöhe. Der Trick dabei ist den Hai nicht zu berühren, weil wir sonst ein Problem hätten. Ich krieche weiter, langsam, sachte, denn ich möchte ihn auch nicht durch meine Pressluft in Unruhe versetzen. Endlich schaffe ich es bis zu seinem Kopf und nehme nun meine eigene Körper- und Flossenlänge als Anhaltspunkte für seine Länge. Richtig, ein Tier, das die drei-Meter-Marke überschreitet. Ich bin beeindruckt, lege mich für einige Minuten neben den Ammenhai und denke über die Biologie dieser Art nach.

Dann wird es Zeit die Höhle zu verlassen: rückwärts versteht sich und da ist auch schon das erste Problem. Ich hänge fest. Das Ventil der Tauchflasche hat sich an der Decke verkeilt. Das Loch hat nur eine Höhe von cirka 60 oder 70 cm und ich realisiere, dass wir hier ein ausgewachsenes Problem bekommen könnten, denn sollte der Ammenhai nun durch meinen intensivierten Versuch die Flasche freizubekommen aufwachen, hat er ebenfalls nur einen einzigen Gedanken: raus aus der Höhle! Aber auf Grund der Enge kann auch er nicht wenden, sondern muss sich ebenfalls rückwärts robbend aus der Höhle schieben. Ich weiß von früheren Begegnungen, dass Ammenhaie darin nicht gerade Weltmeister sind.

Soll ich versuchen aus meiner Tauchweste zu schlüpfen um so mit der Flasche hinauszukommen? Das wäre eine gute Idee, wenn ich an meine Brustgurte kommen würde, respektive genügend Spielraum hätte meine Ellbogen zu gebrauchen. Aber die würde ich dabei dem Ammenhai in dieser Situation arg in die Flanken rammen. Eine solche Lösung scheint also nicht zu funktionieren. Auch die weiteren Versuche meine Flasche loszubekommen scheitern. Zwar habe ich noch eine weitere Idee im Hinterkopf, aber ehrlich gesagt, will sie mir von Anfang an nicht so recht gefallen: Kann ich versuchen noch weiter hinein zu schwimmen und auf diese Weise die Flasche zu lösen? Oder soll ich etwa warten, bis die Decke von selbst höher wird?

Also schwimme ich schließlich noch einige Zentimeter weiter vorwärts und ... bin frei. Oder etwa nicht? Zwar hält mich kein unsichtbarer Haken mehr fest, doch habe ich mit meinem Gezappel meinen Kollegen neben mir aufgeweckt und der beginnt sich nun aufgeregt zu bewegen. Natürlich sitzt er ebenfalls fest, da er sich auch nicht drehen kann. Links von mir ein über drei Meter langer Ammenhai, der sichtlich aufgeregt ist, neben und über mir Höhlenwände bzw. die Decke. Prächtig! Es bleibt mir wohl nichts anderes übrig, als den Hai zur Seite zu drücken und zu versuchen mich rückwärts aus der Höhle zu schieben. Und los gehts! Hier ein Drücken, da ein Stoßen, nochmals drücken, wieder stoßen... Ich schaffe mir Raum, aber der Ammenhai scheint der ganzen Sache immer weniger zugetan zu sein und akzeptiert mein Stoßen nicht gerade als Liebesbeweis. Durch unser gemeinsames Wühlen wirbeln wir nun auch noch Sand auf und die Sicht wird zur „Fühl-Distanz“. Ich arbeite mich Zentimeter um Zentimeter am Hai entlang, bin teilweise auch über ihm und verschaffe mir allmählich mehr Raum. Ich habe das Gefühl, dass eine Ewigkeit verstrichen ist, bis meine Füße wieder frei sind. Dann drükke ich mich ein letztes Mal mit meinen Armen vorwärts: Ich falle förmlich aus der Höhle und hintendrein rollt der Ammenhai. Was für ein Tier! Er ist wirklich groß! Er zieht davon und sucht sich vielleicht eine breitere Höhle. Ich schaue nochmals in das verlassene Loch und kann es kaum glauben, dass wir beide uns vor wenigen Minuten in diesem Spalt um den Vortritt gerauft haben.

Ich sehe mich nach meinem Tauchkollegen um, entdecke ihn und mache mein OK-Zeichen. Doch was er erwidert, ist eine Geste, die eher der vulgären Tauchersprache entspricht. Ab und zu muss ich einer solchen Antwort wohl beipflichten.

Keilereien ums Futter

Die Arbeit des Tages ist erledigt und ich fahre hinaus zu einer kleinen Gruppe von Klippen, die wir „Triangle Rock" nennen. Ich bin in Bimini auf den Bahamas. Heute habe ich wieder nur im Gebäude damit zugebracht, Auswertungen zu machen und alles, was ich vom Tag sah, war, wie sich der Schatten des Baumes vor dem Fenster änderte. Aber nun ist es Abend und ich bin auf dem Weg zu meinem täglichen Schnorchelgang mit „Bruno", meinem Karibischen Riffhai. Wir sind seit langem Freunde und schwimmen in den Abendstunden häufig noch einige Runden. Schwimmen ist vielleicht nicht der richtige Ausdruck, vielmehr muss ich ihn füttern, denn Gewohnheit macht auch den schnellsten Räuber zum tranigen Gesellen. Bruno ist durchaus in der Lage seine Mahlzeit selbst zu erlegen, doch findet er es wohl witziger mir die Beute abzujagen, die ich mir für mein Abendessen gedacht habe.

Ein weiterer faszinierender Abend schickt sich an, seinen samtenen blau-rosa Teppich über uns zu legen. Das Wasser ist tiefblau, der Himmel zeigt bereits einen rosa Farbton. Um mich herum nur sachte Wellen; ich bin alleine in dieser Weite und Ruhe. Ich ankere das Boot vor den Klippen und mache mich bereit ins Wasser zu gleiten. Ausgerüstet mit Flossen, Maske, Schnorchel und einer „Hawaiian Sling" mache ich mich auf den Weg zum Riff. Eine Sling ist ein ausgehöhlter Holzschaft, durch dessen Loch man einen Pfeil steckt, den man mit einem Gummi spannt. Das Prinzip ähnelt einer Steinschleuder. Nun, ich bin kein Fischer und habe diesem Sport nie etwas abgewinnen können; entsprechend betrachte ich auch eine Hawaiian Sling eher als ein notwendiges Übel. Doch anders als bei der Sportfischerei ist das Blue Water Hunting mit viel Geschick und Kenntnisse über den zu erbeutenden Fisch verbunden. Einerseits schießt man nur, was man wirklich essen kann, andererseits werden ausschließlich Schwarmfische gejagt. Diese Form des Fischens ist körperlich anspruchsvoll und läßt dem Tier entsprechend eine reelle Chance nicht auf dem Teller zu landen. Abtauchen, einen Fisch aussuchen, den man auch essen kann, Pfeil laden, zielen, dabei gleichzeitig die Schwimmgeschwindigkeit des Opfers und Trägheit des Pfeils miteinbeziehen, schießen, treffen und mit der Beute wieder auftauchen. Ich erinnere mich noch genau daran, wie viele Abende ich vor nichts als Reis saß, weil ich auch die langsamsten Fische nicht einmal gestreift hatte. Doch die Stunden unter Wasser vergingen und aus dem Stadtmenschen ist nach und nach ein Island Boy geworden.

Ich bewege mich für einige Minuten am Riff und schaue ins Blaue um zu sehen, was sich heute hier tummelt und natürlich warte ich auf Bruno, der gleich sicher wieder versuchen wird mir den geschossenen Fisch abzujagen und zusammen mit der Speerspitze wegzuschwimmen. Das geschah mehr als ein Mal und ich musste meine Taktik entsprechend ändern. Früher jagte ich im freien Wasser und zog den Bogen nur so stark, dass ich den Fisch aufspießte und leichter holen konnte, heute ist die Technik „Bruno-sicher", was nicht bedeutet, dass ich nun schneller schießen oder die Beute einholen könnte, bzw. dass Bruno es nicht bemerken würde. Ich jage vielmehr zunächst für ihn und - was wohl wichtiger ist - ich durchschieße den Fisch, denn bis jetzt konnte ich Bruno nie beibringen, dass er mir den Pfeil wieder zurückbringt. Andernfalls habe *ich* kein Abendessen und auch *er* muss wieder selber jagen gehen. Endlich taucht auch Bruno auf. Ich frage mich oft, wo er sich so den ganzen Tag herumtreibt, denn Pünklichkeit ist nie seine Stärke gewesen.

Ich mache mich bereit und Bruno sich ebenfalls, das heißt, er steht unmittelbar neben mir und lässt mich nicht aus den Augen. Dieser Kerl hat mir wohl nie so ganz vertraut. Zugegeben, am Anfang versuchte ich ihn reinzulegen und schoss aus kurzer Distanz, damit ich schneller am Fisch sein konnte, was jedoch zumeist mit einer Keilerei zwischen mir und ihm endete. Diese Raufereien haben mich in den vielen Monaten mürbe gemacht und wohl auch langsamer, denn inzwischen betrachte ich es als bedeutend weiser zuerst ihm sein Abendessen zu schießen, bevor ich mir selbst noch etwas hole. Und so tauche ich das erste Mal ab...

Wer nun denkt, dass für Bruno ein Fisch wie der andere ist, hat weit gefehlt. Zwar können Haie keine Nase rümpfen, doch zeigen sie sehr genau, wenn ihnen etwas nicht passt. Bruno ist so etwas wie ein Feinschmecker. Fische, die ich gerne esse, stehen auch auf seiner

Liste. Als ich es jedoch einmal mit Drückerfisch bei ihm versuche, weil ich spät dran bin, wird es allerdings für mich noch später, denn ein Bruno frisst keine solchen und somit wird der Drücker *mein* Abendessen. Ehrlich gesagt, nach diesem Nachtessen kann ich ihm nur Recht geben.

Der Fischzug verläuft gut, ich schieße Bruno einige seiner Lieblingsarten und als er endlich vollgefressen neben mir schwimmt, sind wir uns einig, dass auch ich mir jetzt meine Mahlzeit holen kann. Die Jagd geht nun sehr schnell, ich habe, was ich brauche und schwimme mit Bruno noch einige Runden um das Riff. Die Sonne taucht bereits am Horizont unter und ich hieve mich zurück ins Boot. Irgendwie spüre ich, dass ich Bruno heute zum letzten Mal gesehen habe. Ich schaue nochmals zurück und schenke ihm einen letzten Blick. Wie immer erlebt man viele schöne Augenblicke in einer nur sehr kurzen Zeitspanne und alles, was bleibt, sind Erinnerungen. Wir waren gute Freunde, die einigen Spaß unter Wasser hatten, auch wenn er für mich im wesentlichen mehr Arbeit bedeutete als für ihn.

Die Jahre sind vergangen und ich frage mich häufig, was Bruno heute treibt. Ich hoffe sehr, dass er einen neuen Lieferanten gefunden hat, der für ihn das Abendessen holt. Bruno war ein echter Genießer...

Eine eigene Meinung ist Gold wert

In all meinen Hai-Jahren ist mir immer wieder aufgefallen, dass ein Hai mich bereits sieht, bevor ich seiner gewahr werde. Das erste Sichten eines Hais bezeichne ich gerne mit „äußerem Kreis“, die Entfernung, aus der ich das Tier erstmalig sehe und realisiere, in welche Richtung es schwimmt. Damit meine ich nicht die Distanz, bei der ich beispielsweise um einen Korallenstock schwimme und den Hai dann erblicke, sondern vielmehr jene, bei der ich ins Blaue schaue - in die Ferne - dort einen Hai entdecke und feststelle, dass er mich ebenfalls wahrnimmt oder schon gesehen hat. Was geht in ihm vor, wenn er ein Objekt entdeckt, das in seiner Welt keinen Stellenwert, keine Bedeutung hat?

Schenkte man der gängigen Meinung Beachtung, ginge in seinem Kopf wohl nichts oder nicht viel vor, da wir ihm keine Form von Intelligenz zutrauen und annehmen, ein Automatismus übernehme die Koordination. Doch wofür? Eine Frage, die nicht beantwortet kann. Ich glaube nicht, dass im Hai ein Automatismus abläuft, der die gesamte Koordination übernimmt, denn jede Begegnung mit einem Taucher ist so einmalig, dass es kaum einen Automatismus für solche Interaktionen geben kann und entsprechend wird es keinen Mechanismus geben, der einen Menschen miteinbezieht. Also was geht im Hai vor? Könnte es vielleicht sein, dass ein Taucher bei einem Hai gleichzeitg eine Form von Neugierde sowie Vorsicht weckt und er ihn deshalb zunächst aus sicherer Entfernung abtastet? Und erst wenn er gelernt hat, dass dieses blubbernde Dunkle, mit zwei Schwänzen angetriebene Ding etwas - hydrodynamisch gesehen - Unvollständiges darstellt, wird vielleicht Neugierde oder Gleichgültigkeit in den Vordergrund rücken. Aber keine dieser beiden Regungen ist eine Form von Automatismus, denn der Hai scheint dies *bewusst* zu tun, er möchte so handeln, es liegt an ihm zu entscheiden.

Ich weiß, dass viele Forscher Bewusstseinsdenken bei Tieren ablehnen. Was auch immer die Gründe dafür sein mögen, es wird dann schwierig diese Einstellung zu akzeptieren, wenn man ein Tier beobachtet, dass sich mit einer neuen Situation auseinandersetzen muss. Und jeder, der einen Hund oder eine Katze besitzt, scheint dasselbe Problem mit einer solchen Haltung zu haben wie ich.

Haie sind keine dummen und primitiven Viecher, die alles verschlingen, was sich ihnen in den Weg stellt, sondern intelligente, analysierende und scheue Tiere. Eine solche Aussage wird wohl die meisten Menschen zu Kopfschütteln veranlassen oder Aussagen hervorrufen, die in eine gegensätzliche Richtung zielen. Meinungen, die zumeist nur durch das Kino und sensationslüsterne Fernsehen geschürt werden.

Natürlich ist es einfacher die gängige Meinung zu akzeptieren, mit dem Strom zu schwimmen und ins bekannte Horn zu stoßen. Doch wie aufbrausend reagiert man, wenn man zu hören bekommt, dass man keine eigene Meinung hat! Den persönlichen Standpunkt formt man aus Erfahrungen und die sind meist das Resultat einer Auseinandersetzung mit einer bestimmten Situation oder Verhaltensweise, die bis dahin noch unbekannt war.

Ähnlich ist es mit den Haien. Es gibt kein Tier, dem mit grösserer Ignoranz und blinder Akzeptanz einer scheinbaren, nie überprüften Wahrheit begegnet wird. Das wirft die Frage auf, ob der Hai - auf der anderen Seite der Skala - wirklich so fühlen könnte. Das entspricht wohl kaum der Realität, ansonsten würde, wann immer ein Mensch einen Hai am „äußeren Kreis" auftauchen sieht, es das Letzte sein, das man im Leben gesehen hat. Sollten wir die Haie in dieser Beziehung missverstanden haben? Offensichtlich.

Die neun Katzenleben eines Hais

Es ist tiefe Nacht und Vollmond, eher untypisch, denn normalerweise windet es stark, wenn sich der Mond im vollen Rund zeigt, doch heute ist es in der Lagune ruhig und nur ein leichter Wind kräuselt das Wasser. Es ist so hell, dass man Zeitung lesen könnte - der Mond in voller Pracht! Ich mache ein weiteres Mal Nachtschicht und schlage mir die Dunkelheit um die Ohren. Nachtarbeiten sind Teil meiner Forschung. Ich möchte endlich herauszufinden, wo sich meine Babies zu dieser Zeit aufhalten. „Meine Babies" sind die kleinen, neugeborenen Zitronenhaie.

Es ist zwei Uhr morgens und die Natur präsentiert sich einmal mehr in einem Akt atemberaubender Faszination. Ich sitze allein in meinem Boot, schlürfe den mittlerweile kalten Kaffee und denke nach. Alleine - irgendwo auf dieser Welt, in einer kleinen Lagune unter dem riesigen, mit Sternen überfluteten Himmel. Diese Einsamkeit ist nicht aufgrund einer Fehlplanung entstanden, sondern bewusst. Ich will alleine sein hier draußen um besser meinen Gedanken bei der Arbeit nachhängen zu können. Zwar begleitet mich noch ein anderes Boot, doch ist es so weit entfernt, dass ich nur ab und zu Wortfetzen wahrnehme. Ruhe und Gelassenheit um meinen Gedanken nachzuhängen, das ist etwas, was ich mehr und mehr in meinem Leben brauche, nicht, weil ich die Welt zunehmend weniger verstehe, sondern ich verbringe immer häufiger Zeit in der freien Natur, beobachte, vergleiche und verändere mein Weltbild. Entsprechend brauche ich mehr Zeit dies zu verstehen und die nächsten Schritte zu planen. Auch wenn ich gerne an meinem individuellen Weltbild bastle und mir eigene Wege zur Zufriedenheit suche, ist doch vieles immer mit einem zentralen und alles beeinflussenden Gedanken verbunden: meine Freunde, die Haie.

Meine Lebensweise wird in zunehmendem Maße von den Haien geprägt. Das heißt nicht, dass ich mir vorstelle, wie ich mich in einen Hai verwandeln könnte, obwohl ein solcher Schritt in der heutigen Zeit vielleicht gar nicht so schlecht wäre. Nein - es zieht mich immer stärker zu neuen Orten hin, wo ich mit Haien kommunizieren kann und ich neue Freunde finde oder einfach die Welt aus der Hai-Sicht heraus kartiere. Wahrscheinlich muss ich ein weiteres Leben anhängen, wenn ich alle Plätze kartieren möchte, doch sind Gedankenreisen oder Naturträume ein guter Beginn. Ziele oder Träume sind ja nicht immer nur da um sie zu erreichen oder zu erleben, sondern sind Fiktionen um am Leben zu bleiben oder für etwas zu leben, das das Feuer in mir aufrecht erhält.

Einige meiner Träume haben in der Zwischenzeit sehr irdische Formen angenommen und schwimmen unmittelbar vor meinem Schiffsrumpf. Keine drei Meter vor meiner Nasenspitze spielt sich das Leben meiner kleinen Freunde ab, Tiere, die in zehn oder fünfzehn Jahren für viele von uns zu ausgewachsenen Alpträumen werden. Jetzt aber werden sie wohl selbst von Alpträumen getrieben, denn alles, was diese kleinen Viecher noch nicht besitzen, ist *Größe*. - Auch „Monster" beginnen einmal klein - doch solche sind sie wirklich nur in unserer Gedankenwelt. Ungeheuer werden ausschließlich von unserem Denken kreiert und solange angepriesen, bis sie sich in unserem Unterbewusstsein verankert haben und als permanentes Übel für alles herhalten müssen - Sündenböcke der Superlative. Monster sind lediglich eine krankhafte Erscheinung unserer Fantasie und als Vorlage eignet sich da wohl kein Tier besser als der Hai.

Ich habe mich schon oft gefragt, was den Menschen so erstarren lässt, wenn er von einem Hai in seiner unmittelbaren Nähe erfährt, unabhängig davon, dass das Tier auf Grund seiner Größe kaum jemandem in seinen Zeh beißen könnte, wenn man es dazu zwingen würde. Doch nur schon das Wort „Hai" treibt jedem den Angstschweiß auf die Stirn und jagt den Puls auf 100 - unabhängig davon, wie *klein* das Tier auch sein mag. Würde ich solchen Klischees Beachtung schenken, müsste ich mich nun für einen richtigen und furchtlosen Kämpfer halten, denn ich fange mit eigenen Händen ganz alleine diese Monster. Wirklich beeindruckend, wenn man sieht, wie ich mit diesen 60 cm langen Tieren „kämpfe", die etwa soviel Angst vor mir haben wie ich vor meiner Fahrprüfung! Hand aufs Herz, wie kann man von einem so kleinen Tier soviel Angst haben, nur weil es mit Nachnamen Hai heißt?

Diese kleinen Kerle, die ich hier seit rund drei Monaten Nacht für Nacht fange und mit einer Identifikationsmarke versehe, sehen nun wirklich nicht wie Monster aus. Hai-Babies ähneln vielmehr kleinen zappelnden Hunden, die man sich auf den Schoß holt - und die dann eigentlich nur den einen Wunsch haben wieder heruntergelassen zu werden, damit sie sich hinter dem Sofa verstecken können. Haie sind die jungen zappelnden Hunde eines Meeresbiologen.
Ich habe auch einen kleinen Hund. Jedes Mal, wenn ich einen Junghai aus dem Netz hole, verspüre ich unmittelbar davor dieselben Gefühle, die ich habe, wenn ich meinen sehr kleinen Hund halte, ihn steichle und merke, dass er sich entspannt und sich mir völlig anvertraut. Genau dieses Gefühl ist es, das mich veranlasst auch das kleine Hai-Baby sorgfältig aus dem Netz zu nehmen. Es vertraut sich mir nicht im eigentlichen Sinne an, doch ich spüre, wie zerbrechlich dieser kleine Kerl ist, wenn ich ihn nicht sorgfältig behandle. Das Hai-Baby zappelt, wenn ich es halte, es hat Angst vor dem Neuen und möchte nur eins: heruntergelassen werden und sich hinter dem schützenden Sofa - den Mangrovenwurzeln - verstecken.

In solchen Momenten frage ich mich oft, wie die Evolution es fertig brachte, dass diese kleinen Haie, die häufig noch mit der deutlichen Narbe der gekappten Nabelschnur versehen sind, wissen, wohin sie sich zurückziehen müssen um sich zu schützen? Doch wovor? Ich bin bestimmt nicht der Grund dafür, dass der Hai gelernt haben könnte sich vor mir zu verstecken, es sind sicherlich andere Faktoren, die dies im Laufe der Zeit bewirkt haben. Wie hat der Hai, dessen Nachwuchs ich jetzt in Händen halte, diese Strategie entwikkelt?

Die meisten Hai-Arten leben, entgegen unseren Ansichten - und woher diese stammen, erstaunt mich immer wieder - nicht in der Hochsee, sondern in ufernahen Regionen. Entsprechend kommen die trächtigen Weibchen auch in die unmittelbare Nähe der Ufer um ihre Babies zurückzulassen. Zumeist sind es schlecht zugängliche, flache Bereiche, die die idealen Kinderstuben für die Jungen sind. Die kleinen Haie müssen dann in ihrer zumeist jahrelangen Lernphase dort perfektionieren, was ihnen später den Ruf des potentesten und gefürchtetsten Räubers der Meere einbringen wird. Der Ausdruck „schlecht zugängliche Uferregion", den wir wahrscheinlich jetzt alle auf uns Menschen bezogen haben, hat jedoch eine ganz andere Zielgruppe. Vor 300 Millionen oder mehr Jahren war der Mensch zwar noch in keinem Planungskonzept der Natur vorhanden, jedoch waren die damaligen Kinderstuben der Jung-Haie auch schon „schlecht zugänglich". Die Natur perfektionierte die Strategien der Hai-Weibchen nicht um sie vor Menschen zu schützen, sondern vielmehr vor ihren Artgenossen. Haie wählen geschützte Plätze aus, damit andere, größere Artgenossen die Babies nicht fressen können.

Die Evolution hat Mechanismen hervorgebracht, die den von den Menschen gefürchtetsten Räuber vor seiner eigenen Art schützt und dadurch garantiert, dass sie sich nicht selber ausrotten. Es entwickelten sich Mechanismen, die ihre Supermodelle durch alle Äonen der Zeit brachten. Und welches ist in der Entwicklung eines jeden Organismus das heikelste Stadium? Richtig, das sind die „kleinen Hunde" im Alltag eines Meeresbiologen. Junge Haie brauchen sich nur vor einer einzigen Gefahr zu schützen: Gefressen werden von einem Onkel oder einer Tante. Entsprechend entwickelten sie verschiedenste Mechanismen um dies zu verhindern. Doch wie die Natur so spielt, benutzten die Mütter schließlich vererbbare Stategien um zu verhindern, dass ihre Jungtiere von anderen Haien gefressen werden könnten - unabhängig davon, dass vielleicht auch die eigene Mutter Jahre später ebenfalls eines ihrer eigenen Kinder fressen könnte und dies nicht selten auch tat. Gerade dieses Spiel fasziniert mich immer wieder von neuem. Haie schützen sich voreinander, damit sie von der Evolution nicht überholt und eliminiert werden, zweifellos ein eigenwilliger, aber gleichwohl sehr erfolgreicher Weg, der dazu führte, dass Haie als die erfolgreichste Tiergruppe der Evolutionsgeschichte angesehen werden müssen.

Ich halte „mein" Baby in der Hand und die Gedanken jagen mir durch den Kopf. Dieser kleine Hai, dessen Welt sich nur gerade um die nächstliegende Mangrove und meine Finger dreht, hat eine Millionen Jahre lange Geschichte in sich gespeichert und wird Teile daraus zu gegebener Zeit zielsicher nutzen und anzuwenden wissen.

Ich werde den kleinen Burschen in einer der folgenden Nächte wieder zappelnd in meinem Netz finden und erneut werden meine Gedanken solche Sprünge machen. Die Natur ist zwar in allem perfekt und ganz besonders in der Strategie der Haie, doch leider hat sie sich nie mit einem Räuber wie dem Menschen auseinander setzen müssen und entsprechend keine Mechanismen entwickeln können. Mein kleiner Hai wird wohl nicht wissen, dass er immer Glück haben wird, solange ich hier meine Arbeit mache, aber leider gehen auch die neun Leben einer Katze einmal zu Ende. Es bleibt nur zu hoffen, dass irgendwann, wenn mein kleiner Hai sein letztes Katzenleben beginnt, er bereits wieder Nachkommen produziert hat, deren Entwicklung wiederum bei Neun beginnt.

Wie ich lernte, auf dem Wasser zu gehen

Es ist Sonntag Nachmittag, die Sonne brennt auf uns herab und ich sitze mit einem der weltbesten Hai-Fotografen zusammen: Doug Perrine. Leicht erhöht, von einem kleinen Felsen herab, werfen wir Fischabfälle ins Wasser... plopp, plopp, plopp. Wir wollen ein Exemplar der eher verschrienen Arten anlocken, den Bullenhai. Wir sind sehr früh dran und es scheint sogar den Haien zu heiß zu sein um sich anlocken zu lassen. Wir werfen weiter. Noch immer sind keine Haie auszumachen, doch die anwesenden „Yellowtails" und „Bar Jacks" zeigen ihre offene Freude an der mühelosen Mahlzeit. Endlich findet sich doch noch ein bisschen mehr Leben ein: Ein sichtlich müder Ammenhai taucht auf und beginnt die leichte Beute einzusaugen, ganz zum Verdruss der Fische um ihn herum, die diese Mahlzeit bereits als ihre eigene betrachtet haben und in dem Mitesser einen Gegner sehen. Aber Größe regiert eben die Welt! Doug und ich schauen uns an, doch keiner von uns hat so recht Lust aufzustehen und sich für den sichtlich kleinen Ammenhai die Füße nass zu machen – wir sind verwöhnt, ich weiß. Wir werfen und warten weiter. Plopp, plopp....

Endlich taucht ein dunkler Schatten auf. Die Größe könnte hinkommen, die Farbe ebenfalls, die Rückenflosse jedoch nicht: Es ist nur ein Zitronenhai. Zwar ist der auch nicht schlecht, doch eben nicht das, worauf wir warten. Bullenhai, wo steckst du? Wir wissen, dass

er in der Nähe ist, denn wir haben ihn Tage zuvor gesehen und Bullenhaie sind über längere Zeit an denselben Orten anzutreffen. Wie lange sie an einem Platz bleiben, weiß niemand so richtig, doch ich sollte dies noch später erfahren.
Ich entscheide mich trotzdem einmal einen Blick unter die Wasseroberfläche zu werfen; einerseits, weil auch ein Zitronenhai nicht gerade häufig anzutreffen ist und andererseits, weil mir die Sonne so langsam, aber sicher auf meinem spärlichen behaarten Kopf „Ameisen laufen" lässt.

Herrlich, der Sprung ins Meer und noch faszinierender der Anblick des Zitronenhais! Ich habe diese Art zwar einige lang Jahre erforscht, aber seit ich Bimini verlassen habe, keinen mehr gesehen. Alte Gedanken und Gefühle mischen sich mit der aktuellen Begegnung. Ich genieße ihn, er patroulliert vor meinen Augen und fragt sich sicherlich: „Wer riecht hier nach Fisch?" Nun, da ist auch noch der Ammenhai, dem die Frage eher überflüssig scheint, denn er frisst gemächlich, was von oben hinabtrudelt. Plopp, plopp, plopp... Und nun versucht der Zitronenhai ebenfalls sein Glück, doch ist ihm der sichtlich die Mahlzeit genießende Ammenhai im Weg. Ein richtiger Rammer seitens des Zitronenhais gibt schnell zu verstehen, wie in diesem Speisesaal angestanden werden muss und der Ammenhai muss kläglich zusehen, wie *seine* Fischbrocken in einem anderen Maul landen. „Zusehen" ist vielleicht nicht das richtige Wort, denn Ammenhaie sind enorm kurzsichtig, „fühlen" wäre daher schon eher angebracht. Doch wie immer er es auch spürt, Tatsache ist, dass er keinen einzigen Bissen mehr abbekommt. Nach wenigen Minuten sehe ich eine Schwanzflosse in Richtung offenes Wasser ziehen. Ich wende mich wieder dem Zitronenhai zu und lasse meine Gedanken erneut nach Bimini abschweifen.

Ich weiß nicht, wie lange ich damit verbracht habe, denn plötzlich steht Doug mit seiner Kamera neben mir. Das kann nur eins bedeuten: ein Bullenhai. Und da sehe ich ihn auch schon! Was für ein großes Tier! Bullenhaie besitzen eine sehr wuchtige Gestalt, mit breiter Schnauze und haben extrem kleine Augen, aber gerade diese sind es, die den Betrachter in ihren Bann ziehen. Der Bullenhai zieht einige Manöver, bevor er zum ersten Mal den Zitronenhai zu vertreiben versucht. Doch sollte man einen Zitronenhai nicht mit einem Ammenhai in einen Topf werfen - er kehrt nach wenigen Minuten wieder an den Schauplatz zurück, zum sichtlichen Unbehagen des Bullenhais. Die Situation scheint interessant zu werden und wir warten gespannt, was weiter passiert, irgendwie vergessend, dass wir beide im Wasser sind und keiner mehr die „Plopps" erzeugt. Der Bullenhai zieht seine Kreise. Bald habe ich das Gefühl, er merkt, wer für das Ausbleiben der „Plopps" verantwortlich ist. Er interessiert sich mehr und mehr für uns, denn sonst ist nichts weiter im Wasser, was seine Aufmerksamkeit in Bann ziehen könnte.

Plötzlich wendet der Hai und schwimmt direkt auf uns zu. Ein Sprung und ich lerne förmlich, wie man mit Flossen auf der Wasseroberfläche gehen kann! Ich lande, schaue mich um - und wer steht bereits neben mir? Doug! Ich glaube, auch er hat heute zum ersten Mal diese Form des Gehens angewendet. Wir schauen einander an und verstehen uns wortlos. Mit diesem Bullenhai wird es wahrscheinlich schwierig werden, doch Doug braucht das Foto. Also steigen wir wieder ins Meer und schon geht es übers Wasser zurück. Nochmals hinein, erneut ans Land. Wir entwickeln uns zu geübten, aber sichtlich frustierten Wassergehern..

Bereits zwei Stunden sind mit dieser Art von „Wandern" vergangen und Doug hat noch kein einziges Bild machen können. Ich muss abbrechen, denn ich habe anschließend eine Klasse zu unterrichten und mache mich auf den Weg. Doug bleibt noch eine Stunde länger, doch als ich ihn am Abend nach seinem Erfolg frage, meint er nur: „Rein ins Wasser, raus aus dem Wasser, rein ins Wasser..." Nun, vielleicht haben wir zu einem späteren Zeitpunkt mehr Glück. Doug versucht es während der darauf folgenden zwei Tage immer wieder sein Foto zu schießen, aber vergeblich. Ich gehe einige Male zum Felsen hin und sehe den Bullenhai dort auch fast täglich. Ich gewinne ein wenig den Eindruck, dass er sich einen Spaß daraus zu machen scheint. 1:0 für den Bullenhai!

Ein Jahr ist in der Zwischenzeit vergangen. Wieder bin ich in Walker's Cay und habe natürlich mein Match mit dem Bullenhai noch nicht vergessen. Als erstes schlendere ich zu meinem Felsen - und was sehe ich? Der Bullenhai ist immer noch da! Ich eile zurück zu meinen Sachen, schnappe mir die Kamera und bin innerhalb weniger Minuten wieder am Felsen. Maske auf, in die Flossen hinein und schon lande ich klatschend im Meer. Mit der Kamera im Anschlag suche ich das Wasser ab. Wo ist er? Er kommt auch heute direkt auf mich zu, ich bin bereit und denke fast laut, dass er mir dieses Mal nicht entwischen wird. Und als ob er endlich Mitleid mit mir hätte, schwimmt er mit langsamen Bewegungen an mir vorbei. Super, noch zwei Meter, noch einen... Ich mache eine sensationelle Aufnahme und drükke ab, drücke, drücke... Der Hai schwimmt an mir vorbei - dann fluche ich, was das Zeug hält, denn in der Eile vergaß ich den Auslöser zu entriegeln. 2:0 für den Bullenhai!

In den Armen eines Bullenhais

Ich war schon immer der Meinung, dass auch Haie eine Seele haben. Wieso sollten sie nicht? Gestehen wir nicht allen unseren Haustieren eine solche zu? Der einzige Unterschied zu *meinen* Haustieren ist, dass sie das Fell oder die Federn durch Schuppen ersetzt haben. Doch auch wenn ich von der Existenz der Seele bei Haien überzeugt gewesen bin, so blieb mir doch der Beweis dafür lange Zeit vorenthalten.

Heute ist wieder ein Tag, an dem für einen Film ein großer Hai gebraucht wird. „Großer Hai" bedeutet in Bimini: Tiger-, Hammer- oder Bullenhai. Hammerhaie gehen nur selten an Köder und so hoffe ich auf alles andere als einen Bullenhai. Ich habe immer ein etwas flaues Gefühl, wenn ich es mit einem Vertreter dieser Art zu tun habe. Sie ängstigen mich nicht, doch finde ich einfach keine Möglichkeit mit ihnen zu kommunizieren. Es erscheint mir fast, als ob sie eine Sprache sprechen würden, die nur jeweils vom Vater an den Sohn weitergegeben wird und jedem Fremden verborgen bleibt. Entsprechend habe ich bei meinen Begegnungen auch nie einen Weg gefunden ihre sehr ungewöhnliche Annäherungsweise zu interpretieren, obwohl ich alle meine Sensoren bei jeder Begegnung mit ihnen auf vollen Touren laufen lasse. Es war nie mehr als ein Abtasten. Bullenhaie und ich haben nicht viel gemeinsam, meinte ich bisher.

Natürlich kommt immer alles so, wie es kommen muss. Das Funkgerät knistert und ich höre „Bullenhai, dritte Leine“. Es geht los. Da ich der einzige „Hai-Mensch” auf dem Boot bin, wird es meine Aufgabe sein mit dem Tier die notwendigen Schwimmübungen zu machen, wenn das Filmteam alles abgedreht hat. Die werden oft notwendig, weil die Haie nach dem Befreien vom Haken meistens sehr erschöpft sind, nur noch unfreiwillig schwimmen, sich absinken lassen, was bei einzelnen Arten bedeutet, dass sie dann nicht genügend Sauerstoff durch die Kiemen erhalten und demzufolge sterben können. Sollte sich ein Hai nach der anstrengenden Arbeit hinlegen, muss er wieder angeschoben werden. Solche Schiebereien dauern häufig lange und mehrere Stunden sind keine Seltenheit.

Ich springe ins Wasser um mir den Zustand des Bullenhais anzuschauen. Er ist *groß*, voll ausgewachsen - und anthropomorph ausgedrückt *sehr* wütend. Obwohl er am Haken hängt, ist es ihm möglich in einem Radius von etwa zehn Metern zu schwimmen. Als er mich sieht, steuert er direkt und mit *hohem* Tempo auf mich zu. Seine Absichten *scheinen* mir klar, doch verstehe ich seine Sprache nicht. Ich bleibe einige Minuten im Wasser und versuche mich an den Hai zu gewöhnen, was ich allerdings nicht als gegenseitig empfinde, denn meine Präsenz scheint ihn eher zu beunruhigen. Ich klettere wieder ins Boot und warte auf die Entscheidung des Filmteams. Woran liegt es, dass Kameraleute immer so viel zu diskutieren haben? Ich bin in Gedanken immer noch bei dem Tier, als ich jemanden sagen höre: „Lassen wir ihn ziehen.“ Wie bitte? Ich soll mit einem *solchen* Bullenhai „Schubübungen” machen? Zwar ist er noch bei vollen Kräften und sollte keine Probleme haben, wenn ich ihn vom Haken gelöst habe, doch kann sich das sehr schnell ändern. Auch wenn er mühelos schwimmt, muss ich mit ihm in engem Kontakt bleiben. Das bedeutet für mich, dass ich sehr viel Freude mit meinem Kreislauf haben werde - Ausdauertraining! Einerseits bin ich zufrieden, dass wir ihn sofort wieder schwimmen lassen, andererseits beschleichen mich ziemlich gemischte Gefühle mit einem so großen Tier arbeiten zu müssen. Ich löse den Hai vom Haken, hänge ihm noch eine kleine Boje, die ein Hilfsmittel darstellt, an den Schwanz und lasse ihn los. Damit werde ich ihn wiederfinden, wenn er mir plötzlich davonschwimmen sollte, dabei außer Sichtweite gerät und irgendwo zusammenbricht. Zeigt es sich aber, dass er für mindestens eine Stunde permanent schwimmt, löse ich ihn vom Bojenseil und lasse ihn endgültig ziehen.

Ich springe ins Wasser. Prächtig: Ludwig, so nenne ich den Hai in der Zwischenzeit, bewegt sich mit kräftigen Schwanzbewegungen vorwärts. Ich folge ihm in der Hoffnung, dass er nicht aufhört zu schwimmen und hänge meinen Gedanken nach. Die Zeit vergeht. Ludwig sieht immer noch gut aus und ich beschließe der Crew im Boot mitzuteilen, dass ich ihn von der Leine lassen kann. Ich richte mich auf um das Boot heranzuwinken. Doch - wo ist es? Weit und breit ist nichts davon zu sehen! Die Wellen sind mittlerweile größer geworden und auch wenn ich mich auf einem Wellenkamm befinde und einen besseren Rundumblick habe, kann ich das Boot nicht ausmachen.

Dies scheint wieder ein aufregender Morgen zu werden! Ich befinde mich über zehn Kilometer von der Insel entfernt im Meer, zusammen mit einem ausgewachsenen Bullenhai, mit dem ich noch keine zwei Gefühle wechseln konnte und das Schiff ist außer Sichtweite. *Wo* ist es? Doch damit ist nicht genug: Plötzlich ändert Ludwig seine Richtung und steuert auf das tiefere Wasser zu. Zwar kann er mit der Boje nicht abtauchen, doch vermag ich ihm im offenen Gewässer nicht mehr zu folgen. Was tun? Soll ich ihm die Boje abnehmen, ihn ziehen lassen und auf das Boot warten oder etwa versuchen in Richtung Insel zu schwimmen? Guter Rat ist wieder einmal teuer.
Am Klügsten wird es sein Ludwig von seinem Hindernis zu befreien, aber trotzdem bei ihm zu bleiben. Für das Tier ist es besser, wenn ich seinen Aufenthaltsort möglichst lange weiß. Gesagt, getan und Ludwig ist frei. Hieraus resultiert nun mein nächstes Problem: Wie kann ich weiterhin mit ihm Schritt halten? Ich kann mich jetzt nicht mehr an die Boje klammern, wenn sein Tempo zu schnell wird. Da bleibt wohl nichts anderes übrig, als mich jeweils so lange wie möglich an seiner Rückenflosse festzuhalten, mich ziehen zu lassen, aufzutauchen, zu atmen, abzutauchen, festzuhalten... Dies stellt in der unmittelbaren Umgebung noch eine akzeptable Lösung dar, da die Wassertiefe hier nur drei Meter misst, aber der Hai steuert ja auf die tieferen Bereiche zu! Auf und ab, auf und ab... Nachdem ich mich

mehrmals an seiner Rückenflosse festgehalten habe, vermindert Ludwig sichtlich seine Geschwindigkeit und scheint bewusst gemächlicher zu schwimmen. Dabei verringert er sein Tempo nicht, weil ihm die Kraft ausgeht, sondern weil ihn *irgendetwas* veranlasst langsamer zu werden. Unsere gemeinsame Schwimmgeschwindigkeit nimmt menschlichere Dimensionen an und ich kann aufatmen, zwar nicht im Hinblick auf die stetig wachsende Distanz zur Insel, doch hinsichtlich meiner mittlerweile schmerzenden Beine.

Während dieser Aufs und Abs habe ich versucht mit Ludwig in Kontakt zu treten, aber aus irgendeinem Grund habe ich keine gemeinsame Basis gefunden. Nach einiger Zeit begreife ich, was die Kommunikation verhindert. Anstatt permanent zu versuchen mit ihm in Kontakt zu treten, sollte ich mich lediglich bemühen seine Schwingungen *aufzunehmen*. Als mir dieser Gedanke kommt, fällt es mir wie Schuppen von den Augen. Die ganze Situation hat bereits seit Stunden nach diesem Ansatz geschrieen und ich habe es nicht gemerkt. Einer der – nach gängigen Ansichten - gefährlichsten Haie, die es auf dieser Welt gibt, zieht mich durchs Wasser und verlangsamt plötzlich so stark, dass ich mich entspannen kann!? Ist das nicht ein Wink mit einem Mammut-Zaunpfahl?
Leider hat mein rationales Denken mein Unterbewusstsein bisher überdeckt und nichts durchdringen lassen von Ludwigs Schwingungen, die ich seit langem aufgenommen, doch auf die ich nicht geachtet habe. Ich verstehe nun zum ersten Mal „Bullen-Deutsch“. Faszi-

nation und ein Gefühl des Wohlbehagens überkommen mich und ich lasse mich von Ludwig ziehen. Seine Schwingungen teilen mir mit, dass er mir erlaubt mich an ihm festzuhalten. Er verlangsamt sein Tempo meinetwegen. Seine Bitte - ihn von der Boje zu befreien - wurde viel zu lange von meinem bewussten Denken überdeckt. Ab und zu sind auch Zaunpfähle von mammuthaften Ausmaßen noch viel zu klein. „Sequojas", die größten Bäume der Welt, wären eine wirkungsvollere Möglichkeit.

Die folgenden Momente, die nur schwer in Zeiteinheiten gefasst werden können, vergehen wie im Flug. Ich erlebe beeindruckende Augenblicke mit Ludwig. Wer kann schon sagen, dass er je von einem ausgewachsenen Bullenhai durchs Wasser gezogen wurde, alles aus dessen Position sah und gleichzeitig mit ihm in Kontakt trat? Unbeschreiblich... wir schwimmen weiter und ich genieße, lebe, spüre. Doch obwohl ich mich in einem Rausch befinde, kriecht die Kälte in mir hoch. Die Sonne steht zwar hoch über uns, aber auch das wärmste Wasser wird irgendwann zum Eismeer, wenn man nur mit Badehosen unterwegs ist.

Wo ist das Boot? Das ist mein immer größer werdendes Problem. Ludwig geht es gut, er braucht eigentlich keine Aufsicht mehr, aber weit und breit ist nichts als Wasser um mich herum. Es geht nun wieder ständig auf und ab - und schließlich sehe ich bei einem weiteren Auftauchen auf einem Wellenkamm das Boot! Es nähert sich uns und dann weiß ich nicht, ob ich erfreut oder erbost sein soll. Schließlich überwiegt die Freude, denn nun kann ich endlich ausruhen und mich wieder aufwärmen. Doch andererseits sind die Leute auf dem Schiff immer noch in ihre Diskussion vertieft und scheinen mich gar nicht vermisst zu haben! Ich lasse es bei dem Gedanken und genieße weiter die Gewissheit, dass Bullenhaie nicht nur eine Seele haben, sondern auch Mitleid zu verspüren scheinen. Dies ist ein außergewöhnlicher Tag - für mich. Für die Filmleute trifft das nicht zu, weil sie nun doch noch einen Bullenhai haben wollen. Pech gehabt, Ludwig ist weg und frei! Ich lehne mich zurück, genieße die Sonnenstrahlen und denke nochmals an das gerade Erlebte. Danke, Ludwig!

Naturträume eines Botschafters

Da ein Botschafter von Zeit zu Zeit den Grund für sein Dasein und seine Aufgabe erklären sollte, betrifft dies wohl auch mich als „Hai-Botschafter". Was nützt es eigentlich meinen Haien, wenn ich für sie aufstehe, mich für sie einsetze und über sie spreche?

Ich bin viel draußen und genieße das „Triple-W": Wind, Wellen und Wetter. Ich habe mich schon seit langem vom geordneten Stadtleben entfernt und bevorzuge die Einsamkeit, das Einssein mit der Natur und habe, wann immer möglich oder notwendig, Naturträume. Auch wenn ich von Beton umgeben bin - und das bin ich oft, denn Flugplätze sind mein zweites Zuhause -, entspanne ich mich durch Visualisierung eines Ortes, den ich kenne und lasse mich in meine Traumwelt gleiten, die mir für kurze Zeit reale Empfindungen gibt. Ich nehme z.B. das Wasser wahr - kalt oder warm - spüre die Haut eines Hais oder eines Delphins und befinde mich wieder dort. So eine Form der Entspannung ruft zumeist eine tiefe Zufriedenheit hervor. Diese Traumreisen enden oft in Heim- oder Fernweh, wenn ich durch die Ansage aufgeschreckt werde, dass mein Flug zwei Stunden Verspätung hat...
Und genau das ist meine Droge, als „Hai-Botschafter" zu wirken.

Ich stehe wieder einmal an irgendeinem Ort bereit, warte auf meinen Auftritt um über Haie zu sprechen und stelle mir meine Freunde vor,

wie sie an mir vorbeischwimmen, mich akzeptieren und mich spüren lassen, dass ich mich für ihre Rechte einsetzen muss und keine Kompromisse eingehen darf. Ich fühle mich als Sprachrohr meiner Tiere.
Die Ankündigung ist beendet und ich gehe auf die Bühne. Ich tue es für euch: Freight Train, Bruno, Lucky und alle anderen, die ich habe kennenlernen dürfen. Nie werde ich es zulassen, dass wir uns nicht wiedersehen können und man euch weiterhin abschlachtet, die Flossen abschneidet und wieder ins Wasser wirft, die Köpfe mit Baseball-Schlägern zertrümmert, am Haken erschießt oder einfach an Land ersticken lässt! Solange es mich gibt, werde ich nicht eher ruhen, bis auch ihr das bekommt, was allen Lebewesen auf dieser Erde zusteht: Respekt. Ich werde die Saat säen, die die Einsicht dafür reifen lässt, dass auch ihr frei in den Meeren schwimmen könnt ohne Gefahr zu laufen mit Futter angelockt zu werden, nur damit man euch massakrieren kann.

Ich schaue in die Runde, Hunderte von Gesichtern starren mich an. Was die Menschen vor mir denken, weiß ich, ich spüre ihre Skepsis, Angst und gleichzeitige Faszination vor meinen Freunden, ich empfange ihre Schwingungen - und in einer Stunde werde ich alle Vorurteile bzw. Ängste in Bewunderung und Tatendrang zur Erhaltung des von mir repräsentierten Volks verändert haben.

Für euch, meine Freunde, stehe ich hier.

Über die Sprache eines Hais

Wir alle kennen Dialekte und die Feinheiten, die sich hinter ihnen verstecken. Jede einzelne Sprache besteht aus einer Vielzahl solcher unterschiedlichen Dialekte. Das Wort „Dialekt" wird auch umschrieben als eine „örtlich oder landschaftlich begrenzte, sprachliche Sonderform". Bei dieser Definition stört mich allerdings das Nicht-Erwähnen der zusätzlich benötigten oder verwendeten Gestik.

So wie wir Menschen „sprechen" auch Haie unterschiedliche Dialekte. Einige „Wörter", die sie brauchen, sind zwar unter den meisten Arten universell, doch sind andere wahrscheinlich eher als lokal zu bezeichnen. Was sind universelle Wörter? Es ist bekannt, dass einige Hai-Arten dominant sind. Das bedeutet, dass sie über andere herrschen, die sie gewissermaßen einschüchtern und dadurch bewirken können, dass die Untergeordneten sich verziehen oder eine unterwürfige Position einnehmen. Die angewandten Mittel hierzu sind unbekannt; möglicherweise ist es die Körpersprache, die eine hormonelle Ausschüttung zur Folge hat, oder aber es sind Schwingungen. Was immer es auch ist, wir können es nur erahnen.

Wenn wir die Ausdrucksweise eines Hais beschreiben wollen, können wir mit unserem Denken eigentlich nur eine Sprache im weitesten Sinn erfassen, nämlich seine Körpersprache. Sollten wir allerdings in der Lage sein, unser rationales Denken zu verlassen, würden wir wahrscheinlich in die tieferen Ebenen der Kommunikation vordringen.

Wie viele Male gebrauchen wir Menschen in unserer Sprache bzw. in unserem Dialekt die Körpersprache um dem Gesagten den adäquaten oder vielmehr den genauen Ausdruck zu verleihen? Versucht man, die Mimik eines Gesichtsausdrucks in Worte zu fassen, so bleibt es doch nur beim bloßen Beschreiben. Der Aspekt des Spürens bleibt unberücksichtigt. Nehmen wir aber die reine Mimik oder Gestik als die primäre Sprache auf, so weiß das Unterbewusstsein sofort und sehr genau, was gemeint ist.
Könnte man daher annehmen, dass Mimik und Gestik eine tiefere Bedeutung und dementsprechend weitere Verbreitung haben als ein Dialekt oder die umfassendere Sprache? Ich glaube schon. Entsprechend muss man folglich annehmen, dass diese weiter gehende Verbreitung vielleicht auch eine tiefere Verwurzelung in uns hat und jedem Menschen als Anlage mitgegeben wurde.
Ich bin sicher, dass auch Tieren eine solche grundsätzliche Mimik oder Ausdrucksweise als universeller Baustein in der Sprache der Lebewesen mitgegeben wurde. Doch jede dieser Körpersprachen wird früher oder später Anpassungen an die individuelle Tiergruppe erfahren. Dies geschieht nicht nur, weil sich viele Tiergruppen nicht mehr mischen können und neue Arten bilden, sondern auch deshalb, weil die sich verändernden Situationen immer neue Anpassungen und Annäherungsweisen erfordern.

Natürlich gibt es noch wesentlich feinere Angleichungen, die mit dem Auge kaum noch wahrnehmbar sind, mit unserem Schwingungsfeld jedoch schon. Gestik und Mimik stellen eine verkörperte Form von Schwingungen dar um eine universellere Verständigung zu ermöglichen. Jedermann ist in der Lage, Schwingungen von Haien aufzunehmen.

Wie kann man diese Schwingungssprache lernen? Indem man ins Wasser zu den Tieren geht, lautet die Antwort. Wie auch die Erfahrung im menschlichen Leben zeigt, sollte man sich beim Lernen in dem Land aufhalten, wo die betreffende Sprache gesprochen wird und sich unters Volk mischen. Lernt man sie nur in der Schule, so wird sie in kurzer Zeit wieder vergessen sein. Entsprechend brauche *ich* meine täglichen Tauchgänge und Interaktionen mit Haien um ihre Sprache erspüren zu können. Doch wie bei jedem Spracherwerb ist es eine Sache die Grundzüge zu verstehen, eine andere aber die Dialekte zu unterscheiden.

Ich bin in der sehr glücklichen Lage, in jedem meiner Klassenzimmer immer ca. 80 - 100 Lehrer um mich herum zu haben und zwar nicht nur einen einzigen Typus, sondern zwei - Schwarzspitzenhaie und Karibische Riffhaie.

Wie oft habe ich schon Biologiestudenten mit zu meinen Haien genommen und sie bewusst nicht in die Dialektik der beiden Arten eingeführt. Wenn ich sie nachher nach Unterschieden gefragt habe, war die Antwort immer dieselbe: „Sie sehen alle gleich aus." Ich mache jedes Mal die erstaunliche Erfahrung, dass sich die Studenten auf das stehende Bild konzentrieren und sich nicht auf Bewegungsabläufe einstellen. Wieso? Ist es einfacher sich bei einem schwimmenden Tier eine Millisekunde herauszupicken oder sieht unser inneres Auge beim Betrachten eines sich bewegenden Bildes nur diesen einen Ausschnitt? Ich weiß nicht, was genau im Kopf der Studenten vorgeht, doch wenn ich dann jeweils den Hinweis gebe, man solle das sich bewegende Tier betrachten - das Gesamtbild eben - erhalte ich erstaunlicherweise eine Palette von unterschiedlichen Beschreibungen.

Es scheint, als ob wir so erzogen wurden. Man hat uns gelehrt zu analysieren, zu beobachten, aber nicht eine fließende Bewegung intuitiv zu erfassen. Wir kastrieren unsere Intuition, unsere „Ich-habe-irgendwie-das-Gefühl"-Wahrnehmung. Wir müssen in das Stadium zurückfinden, in dem wir unserem Unterbewusstein mehr Gewicht geben und unsere Intuition zulassen. Unser rationales Denken wird von klein auf trainiert, wobei die anderen Fähigkeiten untergeordnet oder gar ganz verleugnet werden. In den Schulen wird häufig nur noch die eine Form gelehrt, nämlich der Einsatz unseres rationalen Denkens.

Das Gefühlsleben, das Empfinden, hat oft einen viel zu geringen Platz. Düstere Aussichten. Weshalb zerstören wir diese Gabe? Ich habe mich das schon häufig gefragt und nie eine Antwort darauf gefunden. Wieso gibt es an den Schulen das Fach „Beobachten" nicht, obwohl das unendlich wichtig wäre - nicht nur lernen zu beobachten, sondern dadurch auch die Verbindung zwischen dem rationalen Denken und dem instinktiven Gespür zu schulen und in gewissen Situationen dem Unterbewusstsein entsprechende Handlungsfreiheit zu geben.

Wer erinnert sich nicht an das Gefühl irgendetwas vergessen zu haben, wonach man dann sucht ohne genau zu wissen, was es sein könnte, bis es schließlich wieder einfällt und man sich beruhigt? Unser Unterbewusstsein sendet unserem rationalen Denken so lange ständig Impulse, bis wir endlich eine Brücke schlagen und sie in unser Bewusstsein integrieren. Würden wir in der Schule bereits als Kinder lernen, wie wir eine solche Verbindung zu unserem Unterbewusstsein aufbauen können, wäre unsere Welt nicht so, wie sie heute ist.

Genau diese Brücke ist es, die ich mir bei der Kommunikation mit Haien offenhalte. Ich lasse die Schwingungen und Impulse direkt in mein Unterbewusstsein eindringen und bekomme dann eine Meldung, die sich rational ausdrücken lässt. Das Brückenschlagen ist ein essentielles Instrument um Haie verstehen zu können. Schwimmt ein Tier auf mich zu, das ich noch nie gesehen habe, wäre es sinnlos mit Sprachen zu operieren, die meinem bewussten Denken geläufig sind. Natürlich könnte ich Glück haben und es gelingt, aber die Erfahrung zeigt mir, dass rationales Denken eher auf der sprachverarmten Seite liegt. Entsprechend öffne ich die Brücke und lasse es geschehen, dass sich mein Unterbewusstsein mit der Sprache dieses Hais auseinandersetzt; meistens spüre ich dann auch eine Antwort. Doch nicht selten fehlt mir die eigentliche Interpretation, weil mein Denken noch nicht oder nur unvollständig gelernt hat, wie es die Bruchstücke in konkrete Gedanken fassen soll.

Ich befinde mich im Wasser, versuche wieder mit einem Hai zu kommunizieren, doch fehlen mir dazu die Gesten und Schwingungen. Wie schön wäre es gewesen, wenn man mich dies in der Schule gelehrt hätte! Stattdessen musste ich mir für etliche Jahre von einem Lehrer sagen lassen, dass ich fürs Singen keine Begabung hätte! Was soll´s!

Schlaf gut, Cowboy

Ich tauche zwischen Haien, es ist ein weiterer Tag meines eher unrealistischen und auf viele Menschen konfus wirkenden Lebens. Doch wie man es auch beurteilen mag, es ist genau das, was mir meine innere Stimme schon immer diktierte. Ich lasse mich durch meine Intuition leiten. Dass dies für einen eher rational orientierten Charakter nur schwer zu verstehen ist, liegt auf der Hand. Doch wer sagt, dass die Verwirklichung einer Leidenschaft nicht auch ein Beruf sein kann? Ist es nicht das Höchste, das tatsächlich zu realisieren, was man aus innerstem Antrieb gerne machen würde, wenn man nur könnte?

Meine Eltern waren wohl diejenigen, die mir genau diese Lebensweise ermöglichten. In meinem Gedächtnis steckt immer noch ihr Satz, dass sie mir meine Ausbildung finanzieren würden, egal was es auch sei, aber ich dürfe ja nie kommen und sagen, dass sie mir von ihnen nicht geboten worden sei. Nun, sie haben ihr Wort gehalten und ich bin heute dort, wo ich immer sein wollte, nämlich unter Haien. Das „Hätte ich doch, als ich..." wird mich nie kümmern, denn ich merke jeden Tag, wie meine Leidenschaft für die Tiere größer und tiefer wird, weil ich das Richtige wählte, der inneren Stimme folgte - auch wenn die, ehrlich gesagt, ab und zu einen leichteren Weg hätte finden können. Ich bin anscheinend einer der sehr seltenen Patienten, die am Hai-Virus leiden und keine Behandlung wünschen. *Einen* anderen dieser Art kenne ich allerdings noch...

Sein Name ist Gary Adkison. Er ist groß, Mitte 40, braun gebrannt und sichtlich ein Typ, der weiß, wie es auf See zugeht. Seine große Leidenschaft sind ebenfalls die Haie. Gary lebt für diese Tiere und nennt sie respektvoll „Gentlemen in grey suits" - Herren in grauen Anzügen. Wenn wir allerdings unter uns sind, heißen sie einfach „Buddies" - Kumpel. Seine Begeisterung kennt keine Grenzen und das kommt auch in den Geschichten zum Ausdruck, die er über Haie zu erzählen weiß. Es war Gary, der mir Tür und Tor nach Walker's Cay öffnete.

Alles begann während einem dieser stinklangweiligen, trägen und nie enden wollenden Büronachmittage in Miami. Zu viel Arbeit, zu wenig Motivation und keine Ahnung womit zu beginnen. Da läutete das Telefon: „Gary Adkison, Walker's Cay“. Wir hatten uns noch nie zuvor gesehen oder gesprochen, aber von der ersten Sekunde an hatte ich das Gefühl, wir würden uns seit Urzeiten kennen. Es vergingen keine drei Minuten, bis wir das übliche höfliche Geplänkel zwischen zwei Leuten, die sich zum ersten Mal unterhalten, verließen und wir drifteten in unsere ersten Geschichten - im Laufe der Jahre sollten noch viele dazu kommen. Unser Gespräch endete nach fast einer Stunde und Gary schloss mit „...ich bin zwar nächste Woche weg, aber komm und schau dir alles an...". Was für eine Einladung! Obwohl er mich nicht kannte, offerierte er mir Flug und Unterkunft. Ich war sichtlich beeindruckt von seiner Großzügigkeit *und* der Leidenschaft gegenüber Haien. Es sollte noch mehr als ein halbes Jahr dauern, bis wir uns endlich persönlich begegneten.

Die Zeit ist seitdem im Flug vergangen; ich kann mich nicht erinnern, wie oft wir inzwischen zusammen Haie gesehen haben und wie viele Geschichten sich darum ranken - eins ist sicher: Es sind viele. Gary und ich haben mittlerweile eine tiefe Freundschaft zueinander entwikkelt und versäumen wirklich keine Gelegenheit des anderen Meinung für das Erlebte zu hören. Ich halte ihn für den einzigen Menschen, dessen Hai-Herz so hoch wie meines schlägt. Vielleicht waren wir beide in einem früheren Leben Haie und haben zusammen gejagt....

Ich bin gerade in Miami und versuche Ordnung ins Chaos zu bringen oder wenigstens eine Entscheidung zu treffen, was zuerst gemacht werden sollte. Die Wand vor meinem Schreibtisch ist mit Bildern von Haien zugepflastert und ich beginne wieder zu träumen... da läutet das Telefon, obwohl es bereits 22 Uhr ist. Das ist nichts Ungewöhnliches, denn meine Freunde wissen, wann sie mich am wahrscheinlichsten erwischen können.

Es ist Gary. Ich lehne mich zurück und werde in einen weiteren Hai-Tauchgang eingeführt, den nur er so bildlich beschreiben kann, dass ich wahrhaftig das Gefühl habe, mit ihm und unseren „Buddies" im Wasser zu sein. Die Zeit verrinnt beim Reden. Was für ein Tauchgang das gewesen sein muss! „Freckles" war da, „Freight Train" und

auch einige Neue. Was tue ich eigentlich hier, weshalb muss ich mich mit Rechnungen herumschlagen, während ich doch in Walker's Cay sein könnte um zusammen mit Gary zu tauchen und unsere Freunde zu genießen?
Gary hat seine Beschreibungen nun beendet und ich bin neidisch, dass ich den Tauchgang nicht miterlebt habe, doch da wir im Laufe der Zeit eine sehr enge, vertrauliche Sprache entwickelten, weiß ich genau, was er gefühlt und gesehen hat. Nach den letzten Sätzen verabschiedet er sich mit den vertrauten Worten „Good night, cowboy“. Ich hänge ein, lasse meine Füße weiterhin auf dem Tisch liegen und starre auf meine Bilderwand.
Die Zeit ist verstrichen, es geht inzwischen auf Mitternacht zu. Ich bin überwältigt. Gary sei Dank, er hat Ordnung ins Chaos gebracht! Ich lege meine Rechnungen auf einem anderen Stapel Papiere ab, genehmige mir ein Glas Wein, hocke mich vor den Fernseher und schiebe eine Videokassette von einem unserer gemeinsamen Hai-Tauchgänge in den Recorder: „Good night, cowboy.“

Ein Hai mit zwei Schwänzen

Graue Riffhaie verhalten sich gegenüber den Weißspitzen-Riffhaien bei der Nahrungsaufnahme dominant. Dies bedeutet, dass im Zweifelsfall der „Graue" den „Weißspitzen" vertreiben wird, wenn es darum geht ans Futter zu kommen. Nicht nur bei uns Menschen, sondern auch in der Tierwelt gibt es solche Hierarchien. Ich erinnere mich noch genau an meine Studienzeit, wo wir fast immer mittags für das Essen in der Mensa anstehen mussten. Wollte es der Zufall, dass ein Professor in derselben Reihe stand, ließ man ihm den Vortritt. Was nach außen hin vielleicht wie Höflichkeit aussah, war allerdings nichts anderes als die Anerkennung der Dominanz des Professors... und genau so ist es auch bei Haien, wenn es darum geht, wer zuerst ans Futter gehen kann.

Ich tauche mit einem Kollegen an irgendeiner Ecke in den Malediven und wir schwimmen ohne Ziel am Riff entlang. Es ist ein wirklich entspannender Tauchgang: Wir lassen einfach alles um uns herum geschehen, leuchten mit der Lampe in Löcher und tauchen auch gelegentlich unter einen Überhang. In einer kleinen Höhle finden wir einen schlafenden grauen Riffhai. Zwar bildet er keine Ausnahme, doch ist das hier sicher etwas, was man nicht alle Tage sieht. Lehrte man uns nicht in der Schule, dass ein Hai sein ganzes Leben lang schwimmen müsse? Und dieses Tier liegt nun faul in der Höhle und hält sein Nickerchen! Haie müssen keinesfalls permanent schwimmen und es gibt einige Exemplare, die gelegentlich „hinter einer Koralle wegdösen“. Auch diesem Grauen scheint es recht gut zu gehen.

Ich habe meine Kamera dabei, muss die Schlafstunde unbedingt auf den Film bannen und robbe ein weiteres Mal in eine Höhle hinein. Da auch ich manchmal aus meinen Fehlern lerne, schaue ich mir vorher die Decke an und denke über mögliche Fluchtwege nach. Hier scheint alles „Ammenhai-sicher" zu sein und ich beginne zu kriechen. Irgendwie packt mich das Ganze wieder und ich versuche so nahe wie möglich an das Tier heranzukommen. Natürlich blicke ich durch den Sucher und schwimme ganz dicht zu dem Hai hin, habe aber immer noch einen Meter Abstand. Ich lege meine Kamera zur Seite und betrachte ihn. Der Hai liegt mir mit seinem Gesicht gegenüber. Seine Kiemen pumpen gleichmäßig und er scheint sich für mich zu interessieren. Ich versuche noch ein kleines bisschen näher zu kommen, denn schließlich ist es auch in dieser Höhle ziemlich dunkel. Ich rutsche vorwärts, worauf der Hai sofort zu pumpen aufhört. Ich warte und seine Kiemen pulsieren wieder rhythmisch. Das muss wohl seine persönliche Distanz sein, die ich nun respektiere. Ich liege einfach da und betrachte den Hai, doch da mich irgendetwas an ihm stört, schaue ich ihn genauer an. Da ist nichts Außergewöhnliches zu entdecken, außer dass er zwei Schwanzflossen hat. Wie bitte? Ist es so dunkel in diesem Loch, dass ich mir das einbilde, oder habe ich hier einen „Zweischwanzhai" entdeckt? Leider nein, denn es liegt noch ein zweiter hinter ihm. Welche Enttäuschung - welche Erheiterung! Doch ehrlich gesagt, habe ich nicht ernsthaft erwartet etwas zu finden, das neu für die Fachwelt wäre - oder habe ich vielleicht doch? Der Schwanz gehört nämlich nicht einem anderen „Grauen“, sondern einem Weißspitzen-Riffhai. Am Anfang dieses Kapitels steht die Aussage, dass graue Riffhaie gegenüber den Weißspitzen-Riffhaien dominant sind, wenn es ums Fressen geht, was durchaus sein mag, aber wenn es ums Ausruhen geht scheint es keine Hierarchien mehr zu geben.

Übrigens: Es war ein Professor, der in meiner letzten Vorlesung einnickte – er saß neben einem Studenten, der ebenfalls bereits schlummerte. Gleiche Situationen für alle.

Wie ein Hai beinahe sein Gebiss verlor

Im Leben eines Wissenschafters gibt es immer wieder Momente, in denen er sich gegen seine Berufskollegen stellen muss, wenn er sich selber treu bleiben will. Diese Erfahrung machte ich in den letzten Jahren häufiger.

Ich arbeite für einen Monat auf einem Forschungsschiff im Atlantik. Das bedeutet für die nächsten vier Wochen kein Land, aber hohe Wellen und während der Zeit versuchen die „Seebeine" wieder in Schwung zu bringen. Ich liebe das. Der primäre Auftrag unserer Arbeit besteht aus dem Fangen, Markieren und Freilassen von Haien. Wir arbeiten rund um die Uhr, also ein Zwölf-Stunden-Arbeitstag oder eine -nacht, je nachdem, welcher Schicht man angehört. Wir sind in der Regel fünf oder sechs Personen, die ein Team bilden und kommen von den verschiedensten Instituten und Universitäten - und ich bin auch dieses Mal der einzige Ausländer. Das kann als Vorteil betrachtet werden, denn so nehme ich bereits von Anfang an eine Sonderstellung ein.
Wir arbeiten bereits nach den ersten paar Tagen sehr routiniert. Die Mannschaft ist gut, die Stimmung auch und wir markieren einige große Haie. Das einzige, was uns in den ersten Tagen sichtlich zu schaffen macht, sind die zum Teil sehr hohen Wellen. Zwar ist das tagsüber kein Problem, weil man über dem Wellenberg immer wieder den Horizont sieht, jedoch wird es zu einem in der Nacht, wenn man,

abgesehen von einigen Dutzend Mondaufgängen, nicht viel vom Horizont ausmachen kann. Der eine oder andere Mitreisende hängt sich dann zuweilen an die Reeling und „füttert Fische“. Sie tun mir Leid, doch die Übelkeit wird auch bei ihnen vorüber sein, sobald die „Seebeine” greifen.

Mittlerweile haben wir bereits 15 Tage hinter uns und ich kenne von jedem Teammitglied die Lebensgeschichte, seine Hai-Erfahrungen, seine Träume usw. ... Wer hat gesagt, dass Schiffe auf See nicht schrumpfen können? Als ich vor mehr als zwei Wochen anheuerte, schien mir dieses rund 90 m lange Schiff unendlich groß, aber jetzt habe ich so langsam das Gefühl, dass jeden Morgen irgendjemand von der Bootscrew ein Stück davon abschneidet und über Bord wirft. Inzwischen kommt auch ab und zu eine gereizte Stimmung auf. Mir kann das eigentlich egal sein, denn ich habe Wasser unter mir, sehe täglich Haie, lese meine Bücher und bin so ganz in meinem Element. Und doch nagt etwas immer mehr an und in mir.

Ein Nachteil solcher Fangschiffe besteht darin, dass ab und zu Haie tot angelandet werden. Ich sehe, wie sich einige meiner Kollegen auf die Kiefer der verendeten Tiere stürzen und sie schon nach wenigen Minuten herausgeschnitten haben. Dergleichen kann ich zwar nicht verstehen, aber ich muss es akzeptieren, da die Gebisse für taxonomische Vergleiche gebraucht würden, wie es heißt. Und wieder vergehen einige Tage... Das „Gebiss-Treiben” hält an, doch die

Liste der restlichen benötigten Exemplare wird ständig kürzer, bis schließlich nur noch das von einem Sandtiger darauf steht. Die Wahrscheinlichkeit, einen zu fangen, ist gering, habe ich gedacht - und es gehofft.

Eines Morgens bin ich nach einer langen Schicht gerade beim Frühstück und höre jemanden „Sandtiger" rufen. Ich lasse alles stehen und liegen und eile an Deck um zu sehen, in welchem Zustand der Hai ist. Ein voll ausgewachsenes Weibchen schwimmt längsseits, welch ein imposanter Anblick! Von weitem ruft eine Stimme, man solle sie aufs Schiff ziehen, man brauche das Gebiss.
Empörung steigt in mir auf, weil dieses prachtvolle Tier wirklich wegen seines Gebisses umgebracht werden soll! Das werde ich, solange ich auf dem Schiff meinen Dienst versehe, nie zulassen und deswegen gilt es nun zwei bestimmte Leute in kürzester Zeit zu überzeugen. Normalerweise würde man das schwächste Glied in der Kette aushebeln, doch beurteile ich heute meine Chancen höher, wenn ich mich gleich mit dem Teamleiter anlege. Eine erbitterte Diskussion entbrennt zwischen uns über Sinn und Unsinn ein so schönes Tier nur wegen seines Kiefers zu töten. Ich laufe zu Höchstform auf, denn jedes seiner Argumente kann ich mit guten Gründen, Fakten und sonstigen Einwänden aus dem Weg räumen.

Er argumentiert, ich widerlege. Schließlich wird er schwächer und ich gebe ihm den Rest. „Lasst den Hai schwimmen", lautet endlich seine Anweisung. Ich klopfe ihm freundschaftlich auf die Schulter und werfe einen letzten Blick auf das Tier, das sich wieder frei bewegen kann. Danach kehre ich in den Speisesaal zurück, voller Euphorie, wiederhole dabei ständig: „Nicht solange ich auf diesem Schiff bin, nicht solange..." und setze mich erneut an den Frühstückstisch. Aber da ist nur ein leerer, aufgeräumter Platz. Was ist schon eine Tasse Kaffee im Vergleich zu dem Leben eines Sandtigers! Ich lehne mich zufrieden zurück: „Nicht solange ich auf..."

Das Problem der Anreden

Ich habe mich immer gefragt, woran es liegt, dass wir oft nicht den Mut haben auf jemanden zuzugehen und ihn anzusprechen. Noch schlimmer ist es die Eigendynamik eines Menschen durch unvermittelte Ansprache zu stören. Solche Momente sind für viele Personen eine deutlich unangenehme Situation, so auch für mich. Früher hatte ich oft Schwierigkeiten an jemanden das Wort zu richten. Das gehört heute glücklicherweise der Vergangenheit an, doch viele alltägliche Begegnungen erinnern mich noch daran.

Nicht selten sind es Studenten, die sich mir vorstellen möchten, eine Frage haben oder einfach ihre Präsenz unterstreichen wollen, die Erinnerungen an meine eigenen früheren Jahre hervorrufen. Ihre Augen werden zum Spiegelbild der Seele und ich schmunzle in mich hinein. Ich realisiere durchaus, wie groß die Hürde gewesen ist, die genommen werden musste, bis dieser junge Mensch gewagt hat mich zu „stellen“. Und dann folgt zumeist ein Schwall von Äußerungen in ziemlich diffuser Reihenfolge. Einige wichtige Dinge bleiben unerwähnt, dafür werden Nebensächlichkeiten mit einbezogen, weil er sie plötzlich für relevant hält - und alles geschieht nur um den Gefühlen ein Ventil zu geben. Ist dann die Situation ausgestanden, bleibt die Frage, wieso der Student genau so reagiert hat, mit diesem oder jenem haderte und, obwohl eigentlich im voraus die Begegnung sowohl gut geplant, als auch die Worte sorgfältig gewählt worden waren und alles - theoretisch - gesehen, ein Kinderspiel hätte sein sollen, schließlich doch unüberlegt handelte.

Nun, solche „Begegnungen mit Herzklopfen" sind auch im Umgang mit Haien üblich, nur mit dem wesentlichen Unterschied, dass man sich dafür nicht überlegen muss, *was* man sagen möchte, sondern das *Wie*, denn auch hier macht der Ton die Musik. Natürlich spielt, ähnlich wie im täglichen Leben bei der Begegnung mit den Mitmenschen, die Erscheinung des Zielobjektes eine ausschlaggebende Rolle. Es gibt wohl keine zwei Personen, deren Empfindungen sich bezüglich der Erscheinung vollkommen decken. Dasselbe gilt für Haie. Ich werde oft gefragt, wie man sich beim nächsten Tauchgang verhalten soll, wenn jener bedrohliche Hai wieder auftaucht. Meine Antwort ist immer dieselbe: „Ich weiß es nicht, denn ich sah keinen, der bedrohlich ausschaute." Was dem einem Menschen Angst einflößend erscheint, ist dem anderen angenehm; groß kann zu klein werden, schön zu hässlich oder bedrohend kann als beruhigend angesehen werden. Das Problem lässt sich nur individuell meistern.

Um eine anstehende Sache zu erledigen muss man aktiv werden. Wie oft zieht man ein passives Verhalten und die bloße *Reaktion* vor, wie z.B. bei einem Telefonanruf, den man tagelang vor sich herschiebt, bis er sich dadurch erledigt, dass der andere anruft und man nur noch antworten muss.

Hier ist unser Unterbewusstsein der Schlüssel zum Ganzen. Es ist entweder passiver Natur und lässt alles auf sich zukommen oder eher ein nach vorwärts gerichtetes und in Angriff nehmendes, problemlösendes Unterbewusstsein. Solche Mentalitätsunterschiede können sehr gut beobachtet werden, wenn mit Haien gearbeitet wird. Wir können auf verschiedenste Weise mit der Begegnung konfrontiert werden, aber entsprechend unserer aktiven oder passiven Natur werden wir die eine oder andere Form bevorzugen.

Bei der Begegnung mit Haien - oder mit Menschen - werden drei grundsätzliche Verlaufsstrukturen erkennbar: die aktive, „passive" oder überraschende Annäherung. Sollte man von einem Hai überrascht werden, überlässt man sich entweder der Situation und seinem Unterbewusstsein oder man reagiert so, wie man es bewusst für richtig hält. Weniger infarktverdächtig sind die aktiven und passiven Annäherungen. Der wesentliche Unterschied dieser beiden Varianten liegt darin, dass bei der *aktiven* Annäherung dem Hai eine Reaktion aufgezwungen wird, während ihm bei der passiven Zeit gelassen wird sich zu entscheiden.

Ich habe beide Situationen gleich gern, sie sind für mich reizvoll und ergeben fast regelmäßig einen weiteren, eigenständigen Eintrag in mein Hai-Tagebuch. Sollte sich wirklich einmal nichts Besonderes ereignen, wird das eben in der Rubrik „unverstandener Ansprechpartner" notiert. Aber solche „unverstandenen Gespräche" finden fast nie statt; häufig entwickelt sich die Situation in die eine oder andere Richtung, wobei ich wieder Neues über das Verhalten bzw. die Sprache der Haie erlernen oder eine bis dahin unbekannte Geste aufnehmen kann, die mir weiterhilft, als erster Hai-Dolmetscher Karriere zu machen.

Bei der passiven Annäherung gefällt mir das Gefühl von einem Hai erwählt zu werden und für ihn das momentane Zentrum seines Denkens zu bilden. Das Wissen, dass es in seiner Welt und in seinem Leben zu diesem Zeitpunkt nichts gibt, das für ihn wichtiger wäre, ist einzigartig. Und ich brauche nicht einmal etwas dazu beitragen, sondern kann einfach einen Sitzplatz im Theater des Meeres einnehmen und genießen. Der Hai schwimmt auf mich zu, ich bleibe nur „stehen", „hängen" oder am Boden sitzen, er kommt näher, denkt, verringert dabei zusehends seine Distanz zu mir und reagiert. Solche Begegnungen berühren mich sehr auf Grund der Schüchternheit dieser Tiere. Langsam schwimmen sie an mir vorbei, leicht ausweichend, dabei Angst, gleichzeitig Neugierde und Vorsicht ausdrückend. Ich bin das Zentrum ihres momentanen Seins - ein schönes Gefühl, das oft leider nur von kurzer Dauer ist.

Auch die aktive Annäherung ermöglicht eine Fülle von Empfindungen und Schwingungen, denn hier prallen ebenfalls zwei Gefühlsebenen aufeinander. Einerseits versuche ich dem Hai eine Reaktion zu entlocken, indem ich auf ihn zuschwimme, ähnlich dem Zugehen auf einen Passanten auf der Straße, mit dem ich auf „Kollisionskurs" bin, bis ich ihn schließlich „zwinge" einen neuen Weg zu suchen. Andererseits trage ich aber auch einen Kampf mit mir selber aus. Wie nahe traue ich mich heran, wann beginnt das Gefühl der Notwendigkeit des Rückzugs das der Suche nach weiterer Annäherung zu überschatten? Je nach Situation und Tier ist das manchmal ein schwerer Kampf, der im Herzen ausgefochten wird. Bei jeder Entscheidung lerne ich viel über mich, mein Verhalten gegenüber den Tieren und natürlich auch, wie weit ich meinen stets größer werdenden Zeigefinger unterdrücken kann.

Ob aktive, passive oder überraschende Situation: Schlussendlich liefert sie immer wieder neues Rüstzeug im Umgang mit Haien - und auch mit meinen zweifüßigen Zeitgenossen, denn Haie sind auch nur Menschen.

Eine neue Art von Mensch

Unser Tauchboot zieht enge Kreise, die Motoren heulen in rhythmischem Takt im Leerlauf auf und die Wellen, die durch uns zunehmend erzeugt werden, lassen uns wie einen Gummiball herumtanzen und -rollen. Einige Taucher an Bord müssen sich übergeben. Das Manöver dauert insgesamt etwa fünf, sechs Minuten und nach zehn vollen Drehungen stehen wir inmitten unserer Tanzfläche und schauen über die Seiten ins Wasser. Das Resultat ist wieder sehr „flossenreich“. Meine Freunde in den grauen Anzügen sind versammelt. Die Bootsrunden dienen nur einem Zweck, nämlich dem Anlocken. Durch das Aufheulen der Motoren haben wir die Essensglocke geläutet und sie zieht Haie aus mehreren Kilometern Entfernung an.

Wir haben auch heute einige „Frischlinge” an Bord und meine sichtliche Freude darüber, was sich unter der Wasseroberfläche befindet, wird von Gesichtern reflektiert, die eher verdrießlich dreinschauen. Ich kenne den Ausdruck, versuche ihn wie immer zu ignorieren und doch bohrt wieder tief in mir eine einzige Frage: Warum sind diese Taucher hier? Wieso gehen sie auf ein Schiff, das nur zu einem einzigen Zweck hinausfährt, nämlich dem Tauchen inmitten von Haien und verhalten sich dann so, als ob sie nun für ihre Untaten bezahlen müssten?

Es ist erstaunlich: Einerseits sind da die nervösen Taucher, die sich fast schon bekreuzigen, wenn sie zu den Haien ins Wasser gehen und andererseits diejenigen, die es nicht zu schätzen wissen, was sie erleben dürfen. Die Erstgenannten sind sicher in der Überzahl. Was immer ihre Gründe für deren Gesichtsausdrücke sein mögen, ich empfinde es als persönliche Beleidigung, wenn man nicht vor einem Haitauchgang Freude spüren lässt. Wieso können die Taucher nicht wenigstens mir zuliebe ein strahlendes Gesicht aufsetzen? Das wäre genau das, was ich brauchte: Menschen um mich herum, die in einer *freudigen* Erwartung sind, was auf sie zukommt.

Aber heute habe ich nur solche an Bord, die einen einzigen Gedanken verfolgen: alles so schnell wie möglich hinter sich zu bringen und dann herauszuschreien: „Ich hab's gemacht!" und die brauche ich wirklich nicht. Wieso sollen meine Freunde eine Vorstellung geben, die eigentlich nur dem einen Zweck dient, dass der Taucher *danach* realisiert, dass er nicht gefressen worden ist? Egoismus nimmt wohl ab und zu etwas bizarre Formen an, aber ich begreife es nicht und werde es wahrscheinlich auch nie können, wieso man zum Haitauchen und -interagieren kommt, wenn man vor den Tieren panische Angst hat. Das ist das Schizophrene an der ganzen Sache.

Jeder dieser sauer dreinschauenden Gesichter - und da gibt es immer einige Prachtexemplare dieser Art „*Homo sapiens aquatis lemonensis*" - möchte eigentlich den Tauchgang gar nicht machen, fühlt sich aber dazu aus irgendeinem Grund genötigt. Wir alle würden uns wohl kaum wirklich *bewusst* in eine „tödliche" Gefahr begeben! Taucht dann aber ein solcher Sauerkopf wieder auf, hört man immer die gleichen Dinge: „Die sind ja ganz anders, als ich glaubte", „Die sind ja gar nicht so wie im Fernsehen", etc. Aber eigenartigerweise war das bereits vorher angekündigt worden, ansonsten hätte nämlich niemand freiwillig an dem Tauchgang teilgenommen. Es geht über meine Menschenkenntnis hinaus, weshalb ich jedes Mal vor einem „Frischlings"-Tauchgang so verdrossene Gesichter sehe. Vielleicht sollte man wirklich die Tiefen menschlicher Wirrnis erforschen lassen und den „*Homo sapiens aquatis lemonensis dilemmis*" etwas genauer untersuchen.

Ein Tauchgang mit Geistern

Ich krieche aus dem Bett und suche meinen Wecker, der nicht richtig zu funktionieren scheint. Draußen ist es stockfinster, gerade erst fünf Uhr morgens und ich versuche mich daran zu erinnern, wo ich mich eigentlich befinde. Ich bin wieder einmal auf den Malediven... In einer halben Stunde wird die Tagesdämmerung in meine Hütte schleichen und heute wollen wir Hammerhaie besuchen - um 6 Uhr morgens. Das ist es - und nun bin ich hellwach.

Hammerhaie sind für mich Tiere aus einer anderen Welt und jedes Mal, wenn ich einen sehe, mache ich mir erneut Gedanken, wieso die Evolution nach einer relativ langen Zeitspanne plötzlich ein derartiges Tier hervorbrachte. Hammerhaie gehören zu den überlegensten Konstruktionen in Sachen Hydrodynamik und Sensorik - und ich werde in einer Stunde wieder einmal Gelegenheit bekommen das zu spüren.

Ich suche meine Sachen zusammen und wundere mich, wie ich es gestern Abend trotz all der herumliegenden Gegenstände schaffte überhaupt das Bett zu finden. Bücher, Videokameras und Fotoapparate - und irgendwo dazwischen sollte eigentlich auch mein Tauchcomputer liegen. Endlich habe ich alles beisammen und beschließe, gelegentlich eine solide Checkliste anzulegen. Danach schlurfe ich zur Tauchbasis. Mein Enthusiasmus ist wohl nicht sehr ansteckend, denn hier hocke ich zunächst alleine vor der verschlossenen Tür. Sollte ich den Wecker falsch abgelesen haben – ist es gar nicht 5:45 Uhr? Oder interessiert sich sonst kein weiterer Mensch für die Hammerhaie? Die frühe Morgenstimmung und auch -kälte steigt in mir auf und kriecht in mich hinein.

Das Erlebnis, wie sich die Nacht in einen Tag verwandelt, ist unbeschreiblich! Es scheint, als ob die beiden am Himmel Kämpfe austragen würden - im Osten bereits die sich ankündigende Herrschaft des allmählich aufsteigenden roten Feuerballs, im Westen noch das Dunkel, das mit seinen Sternen versucht seine Präsenz zu unterstreichen, obwohl die nahende Sonne an Boden gewinnt. Plötzlich taucht sie dann blutrot am Horizont auf. Es wird Tag.
Endlich erscheint auch etwas, das ich einen verschlafenen Tauchlehrer nenne; ich lese in seinen Gedanken. Der Basisbetrieb nimmt seinen schleppenden Lauf; auf Hochtouren bin wohl allein ich. Will denn hier niemand erkennen, dass wir im Begriff sind ein Naturschauspiel mit Hammerhaien zu sehen, das keine Vergleiche scheuen muss? Selbst wenn man das schon zuvor erlebt hätte, lohnt sich jede Wiederholung, denn während des Wartens darauf kann man sich bereits auf die Details freuen – meine Vorfreude scheint schließlich auch den Tauchlehrer ein bisschen anzustecken. Außer mir haben es nur vier Leute geschafft mit vor Müdigkeit fast geschlossenen Augen die Tauchbasis ebenfalls zu finden. Was wohl für sie der Anlass war?

Endlich fahren wir los, die Sonne zeigt sich langsam, aber als wir am Tauchort ankommen, schieben sich dunkle Wolken vor sie. Es sieht ganz nach Regen aus. Ich mache mich bereit und horche in mich hinein. Alles, was ich heute morgen tun möchte, ist, mit dem einen oder anderen wunderbaren Tier in Kontakt zu treten. Ich genieße eine Weile die Ruhe, allerdings nicht allzu lange, denn da beginnen die anwesenden Taucher doch noch aufzuwachen und Gespräche füllen unser kleines Boot. Bin ich es, der zu ruhig wird oder sind sie es, die zu laut werden? Mir erscheint das Ganze als Nervosität vor dem Sturm und dies im eigentlichen Sinne, denn der Regen hämmert inzwischen auf uns herunter.

Wir springen ins Wasser und lassen uns langsam absinken. In dreißig Meter Tiefe sollten die Hammerhaie auftauchen. Die Begegnung wird schwierig werden, denn einerseits ist es hier unten ziemlich dunkel und andererseits habe ich neben mir einen Taucher der „Ich-schaff-es-nicht-die-Brille-zu-entleeren"-Art. Wie sehr hätte ich mir gewünscht diese Show für mich alleine haben zu dürfen: Ich inmitten einer Gruppe von Hammerhaien! Da hätte ich mich schon ziemlich wichtig gefühlt. Aber es gilt eben gleiches Recht für alle. Wenn mein Tauchpartner nur endlich damit aufhören würde an seiner Maske herumzuhantieren!

Nun „stehen" wir auf 30 Meter Tiefe und schauen uns um. Nichts ist zu entdecken. Auch als wir ein bisschen ins Blaue, besser gesagt ins Schwarze, hinausschwimmen, bietet sich uns derselbe Anblick. Weiter geht es ein wenig nach rechts, dann etwas nach links, doch vergeblich. Ich glaube die Ungeduld des uns begleitenden Tauchlehrers zu spüren. Aus irgendeinem Grund zieht es mich dann nach unten. Man sollte sich nie von einer Tauchergruppe oder seinem Partner entfernen, ist mir als Regel bekannt, aber der geht mir allmählich auf die Nerven, da er sich ununterbrochen mit seiner Maske beschäftigt. Andererseits scheint er ein eher entrückter Typ zu sein. Sollte ich wirklich in Not geraten, würde er wahrscheinlich zuerst nach dem Tauchlehrer suchen um ihn zu „informieren" und natürlich längst vergessen haben, wo ich vor einer Minute noch war.

Ein Gefühl zieht mich nach unten und ich kämpfe mit mir, ob ich der *Schwingung* folgen soll, die ich wahrnehme. Sie sagt mir ganz deutlich, dass wir noch einige Meter *tiefer* tauchen müssen um die Haie zu sehen. Beim Gedanken, dass ich die Tiere vielleicht auch *herauf*locken könnte, lasse ich mich sehr langsam sinken, wobei der Sichtkontakt zu dem über mir schwebenden Tauchlehrer bestehen bleibt. Einen Meter, zwei ... schließlich fünf, tief genug um die Schwingungen deutlich wahrzunehmen, doch immer noch nicht so tief um unserem Begleiter einen Schrecken einzujagen. Endlich kann ich entspannen ohne den „Masken-Rücker" neben mir....

Ich spüre die Haie ganz deutlich - und da kommen sie. Aus der Tiefe sehe ich den ersten auftauchen. In der Dunkelheit wirkt er wie ein

Geist und nacheinander folgen weitere, bis sich eine ganze Gruppe aus dem schwarzen Wasser heraus formiert hat und genau auf mich zuschwimmt. Ein wohliges Gefühl der Entspannung umgibt mich. Die Taucher über mir habe ich bereits vergessen und nun genieße ich die Parade. Als das erste Tier nur noch auf Armlänge von mir entfernt ist, erlebe ich einen Rausch: Hai-pur. Meine Freunde und ich. Da ist keine Angst und Zurückhaltung - beiderseits. Wir kommunizieren miteinander und es ist eine gewaltige Atmosphäre. Ich nehme jede Bewegung wahr, meine Sinne arbeiten auf Hochtouren – dabei ist die Welt um mich herum längst völlig versunken. Was kann es Schöneres geben als mit den Bewohnern unserer Natur in Einklang zu stehen und zu spüren, dass man akzepiert wird? Ich fühle mich wohl, entspannt und völlig hingezogen zur Grazie der Tiere und den Dingen, die sich mir durch ihre Bewegungen und Gesten ausdrücken.

Doch plötzlich zieht der erste sein Tempo an, der zweite ebenfalls und keine fünf Sekunden später sind alle Haie weg. Was ist los, was habe ich gemacht, wen habe ich verärgert? Ich starre auf den Punkt, wo noch vor einigen Sekunden ein Hammerhai mit mir in Verbindung trat. Ich bin sprachlos, ratlos... Und dann werde ich auch schon vom Tauchlehrer an meinem Arm gepackt, er zeigt nach oben und gibt mir sehr deutlich zu verstehen, dass ihm mein Alleingang nicht passt. Das erklärt zwar die Vertreibung meiner Haie, nicht aber, weshalb er so lange brauchte, bis er bemerkte, dass ich weggedriftet war. Scheinbar haben ihn die Haie ebenfalls ein *bisschen* fasziniert. Meinen Freunden schicke ich meinen Dank für einen traumhaften Tauchgang hinterher und hoffe, dass ich sie irgendwann einmal wiedersehe, denn wir haben noch ein Gespräch zu beenden.

Der weiße Hai - das Rätsel

Woran liegt es, dass der Anblick eines weißen Hais beim Menschen Angst auslöst? Eine Ursache mag die Furcht vor dem Gefressenwerden sein, aber wahrscheinlicher ist, dass dieses Tier Schrecken verbreitet, weil es zu einer der wenigen Arten zählt, die wir noch nicht in den Griff bekommen haben und auch keine Möglichkeit sehen dies zu tun.

Weiße Haie sind urzeitliche Relikte eines Lebensraumes, der nach und nach durch Menschenhand eingedämmt, überfischt und verwüstet wird. Wir machen sie zu unserem Problem, wenn wir nur schon einen Schatten im Wasser sehen oder irgendwo ins Meer steigen. Und auch verfolgen sie uns im Schlaf. Sie nisten sich in unserem Unterbewusstsein ein und stellen den ultimativen Alptraum der Natur dar. Es scheint mir fast, als ob die verbliebenen Tierarten dieser Welt sich mit dem weißen Hai ihren letzten Streiter auswählten, der der drohenden übermächtigen Vorherrschaft der Menschheit so lange wie möglich noch etwas entgegenhalten soll.
Ich denke oft darüber nach, welchen Sinn dieses Tier macht. Ich sehe seine Größe, die Kraft, das Gebiss und die „unnatürlich erscheinende Gewalt", aber ich entdecke noch etwas anderes: Die Natur hat bei den weißen Haien ihre Perfektion erlangt, indem sie eine Lebensform kreierte, die auch durch vermeintliche menschliche Überlegenheit nicht in den Griff zu bekommen ist. Obwohl wir im Bereich

der Technik Einrichtungen zur Überwachung entwickeln konnten, die jedes Wispern, Husten und Räuspern irgendwo auf dieser Erde registrieren und ein noch so leises Unterseeboot wie einen leuchtenden Christbaum auf dem Monitor erscheinen lassen können, ist es uns immer noch nicht im Entferntesten gelungen vorhersagen zu können, wo ein solcher Hai auftauchen wird. Ein bislang *noch* uneingeschränkter Sieg der weißen Kämpfer.

Ich bewundere diese Tiere; ihnen gehört meine uneingeschränkte Aufmerksamkeit. Auf mich wirken weiße Haie wie die ultimative Skulptur eines alt gewordenen Künstlers, der sein Leben lang beobachtete, modellierte und am Ende seiner Schaffensperiode all sein Wissen, Können und seine Weisheit in eine letzte Statue projizieren will mit dem Bewusstsein, dass dieses Werk eine Ewigkeit überdauern wird. Weiße Haie sind die letzte Schöpfung einer gealterten Natur, die die Summe ihrer Erfahrungen in eine einzige Kreatur so hineinmodellierte, dass das Ergebnis nach natürlichen Maßstäben unerreichbar erscheint. Meiner Meinung nach hat sich die Natur einige Millionen Jahre mit ihrer Skulptur zurückgehalten, bis sie sicher war, dass der Zeitpunkt reif war um einen vollendeten Organismus zu kreieren, der auch in der neuen Welt eine Sonderstellung einnimmt. Weiße Haie rangieren auf eben jenem Platz und können deshalb nicht mit normalen Maßstäben gemessen werden; die perfekte Schöpfung hat die Herrschaft übernommen und wird sie nur dann abgeben, wenn man sie aus ihrem Reich auslöscht. Ein königlicher Kampf hat begonnen - bei dem die Waffen ungleich lang sind.

Es ist Abend, ich sitze zu Hause und blättere noch ein wenig in meinen Bildern. Jedes einzelne Photo oder Portrait von einem weißen Hai spricht Bände. Auf den Betrachter mögen sie allesamt gleichförmig wirken, mir beweist jeder Ausschnitt eine klare Aussage - das Monster existiert nur in unserer kranken Gesellschaft. Lässt man die Vorurteile weg und öffnet sich der souveränen Gewalt einer perfekten Natur, so erkennt man in diesen Tieren eine Vollendung, die ihresgleichen sucht; immer weitere Fragen stellen sich zu ihrem Leben, ihrer Fortpflanzung, ihrem Fressverhalten... Obwohl sie überall und regelmäßig in den Medien auftauchen, wissen wir nahezu nichts über sie. Müsste man ihnen ein Attribut geben, so würde es lauten: unverstanden - denn genau das sind weiße Haie im Speziellen und alle anderen Haie im Allgemeinen. Wir machen uns nicht die Mühe verstehen zu lernen, weshalb die Evolution sie und ihre Verwandten auf unserem Planeten hervorgebracht hat und was ihre Aufgabe ist. Zwar werden zaghaft Schritte in diese Richtung unternommen, doch die Geschwindigkeit der Ausrottung von Haien, so auch der weißen, ist weit höher als diejenige des Lernens.

Weiße Haie sind die letzten Kämpfer aus einer alten Welt. Für mich steht fest, dass die Natur keine Kraft mehr besitzt sich dem menschlichen Druck länger entgegenzustellen. Also setzt sie die letzte Waffe ein, die ihr noch zur Verfügung steht: die perfekte Evolution. Doch wenn auch diese der Übermacht nicht mehr standhalten kann, dann wird sich die Natur unserer Arroganz endgültig beugen müssen.

Wieso ist der Mensch nicht in der Lage zu erkennen, dass er sich dieser Gewalt nicht entziehen kann, dass es nichts gibt - außer dem weißen Hai *den* Tribut zu zollen, den er verdient? Ich frage mich, warum man heimtückisch versucht einen permanenten Meuchelmord an den Tieren vorzunehmen! Der Mensch ist nicht und wird nie in der Lage sein dieser speziellen Art von „Mann zu Mann" zu begegnen; folglich meuchelt er sie mit Hinterlist und Zerstörungswahn und bringt sie an den Rand des Aussterbens.

Der letzte Widerstand wird gebrochen und wir glauben die endgültigen Gewinner zu sein, doch Zweifel kommen auf bei dem Gedanken, was passieren wird, wenn wir den weißen Hai eliminiert haben. Worin liegt schließlich unser Sieg - etwa darin, dass wir dann sicher wissen, dass es wirklich nichts mehr auf dieser Welt gibt, das sich uns in den Weg stellen kann? Können wir wirklich *so* ignorant sein?

Ich hoffe, wir entwickeln ein neues Bewusstsein. Es ist in der Tat an der Zeit, dass das Gesinnungspendel umschlägt und uns endlich auf den Weg der Erkenntnis bringt. Sollte dies nicht geschehen, wird uns unsere eigene Angst zu Fall bringen. Wir haben nie gelernt mit der Natur zu leben oder uns um das *Danach* gekümmert - und das wird eine zerstörte Umwelt sein. Genauer betrachtet, steht uns dieser Zeitpunkt unmittelbar bevor.

Wir werden nicht mehr in der Lage sein uns am Leben zu erhalten, wenn wir unsere Lebensgrundlage, die Natur, endlich zerstört haben. Nachdem wir die letzten Krieger des größten Königreiches, die weißen Haie im Meer, ausgemerzt haben, werden wir erkennen, dass wir immer nur gegen einen Gegner kämpften – nämlich gegen uns selber. Damit ist das Schicksal der Menschheit besiegelt. Wir tragen den eigenen Feind in uns und er wird für uns alle zu mächtig sein, weil er mit herkömmlichen Waffen nicht besiegt werden kann.

Die Natur will uns durch den weißen Hai aufzeigen, dass er die ultimative Hürde zur endgültigen Zerstörung der Meere verkörpert. Er ist ihre letzte Waffe, mit der sie vielleicht noch eine Umkehr hervorrufen kann. Deswegen stellt sie uns ein Tier entgegen, das in der Lage ist ganze Küstenregionen in Furcht und Panik zu versetzen. Weiße Haie besitzen wie keine andere Art die mentale Kraft unsere Ängste zu bündeln mit dem einfachen Gedanken, dass sie irgendwo auftauchen könnten - die perfekte Evolution. Die Natur fordert uns auf *mit* dem weissen Hai zu leben. Wir müssen endlich sehen, dass ein Ausrotten auf Grund einer unbegründeten Angst nicht die Antwort ist, sondern ein bedauernswerter und billiger Versuch uns die vermeintliche Freiheit zu erkaufen.

Wir müssen endlich aufwachen und begreifen, dass die Natur uns noch eine allerletzte Chance gegeben hat - die weißen Haie sind ihre Botschafter. Der letzte große Räuber der Meere, Herrscher über den ausgedehntesten Lebensraum auf unserem Planeten tritt zum entscheidenden Kampf an und der Mensch trägt den Sieg allein durch das Akzeptieren seines Reiches davon. Nur dann haben wir eine geringe Chance auf diesem Planeten weiterhin existieren zu können. Nicht wir entscheiden, wie lange wir noch den weißen Hai bei uns haben wollen, sondern es wird entschieden, wie lange wir hier noch geduldet sind.

Wir müssen damit beginnen sowohl unsere Unfähigkeit einzugestehen als auch unsere Fehler zu korrigieren; zusammen haben wir noch eine Chance auf einen Neuanfang. Doch nur wenn wir uns mit seiner Majestät, dem weißen Hai, arrangieren, werden wir es vielleicht noch schaffen nicht auf unserem Planeten Erde unterzugehen, denn er regiert und kontrolliert die Weiten der Meere - und nicht wir.
Weiße Haie - *noch* ein Rätsel.

Ein Tiger am Seil

Es ist spät, eine mondlose Nacht. Wir beködern unsere Fangleinen, da wir für einen Film einen großen Tigerhai brauchen. Das ist zwar nichts Außergewöhnliches, doch fühle ich mich einfach nicht wohl dabei einen Hai für solche Zwecke zu fangen. Ein Fangen ist es eigentlich nicht, denn die Haken, die wir verwenden, sind für ein derartiges Tier eher wie Zahnstocher. Doch sind sie stark genug einen Hai so zu fixieren, dass er ruhig bleibt, bis wir ihn gefunden und „befreit" haben.

Aber ob harmlos oder nicht, ich habe mich nie gut bei dem Gedanken gefühlt, dass wir einen Hai - wenn auch nur für Minuten oder vielleicht eine Stunde - seiner Freiheit berauben und für unsere Zwecke missbrauchen. Das Einzige, was mich innerlich beruhigt - oder vielleicht müsste ich eher sagen, was ich zu meiner Rechtfertigung anführe - ist, dass ich mit einem weiteren Film die Gelegenheit bekomme das schlechte Image der Tiere in großem Maße zu verändern. Dennoch muss ich dem gefangenen Hai erst einmal zu verstehen geben, dass ich ihm nichts Böses will. Das ist jedes Mal erneut ein sehr schwieriges Unterfangen, denn ich habe eben keinen Hund vor mir, den ich auf den Schoß nehmen und streicheln kann, sondern vielleicht 700 kg Muskeln und niemand kann vorhersehen, welcher Dialekt in den nächsten Stunden angesagt ist.

Inzwischen naht der Morgen, ich habe vielleicht zwei Stunden geschlafen und erinnere mich, dass die gerade einsetzende Dämmerung die übliche Zeit ist, in der sich häufig eines der Tiere an einen Köder hängt und der weiteren Dinge harrt. Da knattert das Funkgerät und die Patrouille meldet: „Tiger, zweite Leine“. Innerhalb von Minuten sind wir im Boot und jagen durch den anbrechenden Tag. Der Bug zerschneidet das Wasser wie ein Messer. Unsere Geschwindigkeit ist zu hoch, deshalb können die Seitenwände nicht die Gischt völlig abhalten und nach kurzer Zeit sind wir tropfnass und kneifen die Augen zusammen. Salzwasser und Augen sind keine Freunde! Leider gibt es nur wenige Haie, die auch im Süßwasser leben – und wir mischen unsere zusehends zahlreicher werdenden Tränen mit weiterem Meerwasser. Natürlich protestiert einer der Männer im Boot und meint, wir könnten auch langsamer fahren, doch wir haben ein Tier am Haken, deshalb kann und will ich es mir nicht erlauben nur wegen unseres Komforts den Tigerhai längere Zeit unter Stress zu halten.

In der Ferne schaukelt das Kontrollboot, das sich wie ein kleiner Punkt vom Horizont mit der gerade aufsteigenden Sonne abhebt. Obwohl ich vom Unbehagen des Tigers getrieben bin, beobachte ich ein weiteres Mal fasziniert das Naturschauspiel eines Tagesanbruchs in den Tropen. Unter uns befindet sich blaues Wasser, über uns die letzten Sterne der vergangenen Nacht und blutrot am Horizont eine

Sonne, die uns in einigen Stunden krampfhaft nach Schatten suchen werden lässt.
Und endlich sind wir an der Leine.

Entgegen jeglicher Erwartung finden wir zwar einen Tigerhai vor, aber es ist ein *Baby*; keine zwei Meter lang und deswegen nimmt in mir ein sehr mulmiges Gefühl immense Gestalt an. Ein Jungtier, das auf der Skala des „Fressen und Gefressen-werdens" noch ziemlich weit rechts liegt, hat sich an einen Köder gehängt, der für Tiere doppelter Größe gedacht ist! Erneut muss ich mir eingestehen, dass wir eben weder wissen, was ein Tigerhai frisst noch wie groß die Köder sein müssen, damit sie so kleine Geschöpfe nicht auch als angemessen akzeptieren. Auf der anderen Seite ist es ja ebenfalls eine menschliche Schwäche zu große Brocken schlucken zu wollen - Haie sind vielleicht wirklich auch nur Menschen.

Das Boot steuert mit der Seite an das Tier heran und ich arbeite schweigend um es so schnell wie möglich von der Leine und dem bestimmt störenden Haken zu bekommen. Ich muss den Hai nun etwas ruhig stellen und binde ihn zunächst am Schwanz fest, nicht aus Angst versehentlich gebissen zu werden, sondern weil ich ihm auf diese Weise schnell und sicher den Haken aus dem Maulwinkel entfernen kann - wie ich diesen Teil der Arbeit verabscheue! Ich hasse es, weil ich das Tier dabei halten muss und weil sein erster Kon-

takt mit einem Menschen daraus besteht, dass der an einem fremden Ding in seinem Maulwinkel herumhantiert.
Was geht dabei in dem Tier vor? Das ist schwer zu sagen und einmal mehr eben nur anthropomorph zu umschreiben. Macht es den Hai wütend auf mich, dass ich mich an dem Haken zu schaffen mache, ist er erfreut, weil sich *endlich* jemand mit diesem Ding befasst, oder lässt er alles einfach über sich ergehen, weil er weiß, dass ich ihm nichts Böses will, da er bereits durch unseren ersten Körperkontakt meine freundliche Gesinnung aufgenommen hat? Vielleicht bin ich bei der Aktion wesentlich gestresster als mein Freund hier, doch ein Gedanke quält mich jedes Mal erneut: Ich lasse ein Tier - wenn auch nur geringe – Schmerzen im Namen der Öffentlichkeit erleiden.

Ich bin mir bis heute nicht sicher, ob ich so etwas rechtfertigen kann oder nicht. Wenn ich dann ab und zu meine Gefühle laut äußere, höre ich oft den gleichen Satz: Haie haben keine Schmerzempfindung. Welche Arroganz von uns Menschen zu entscheiden, wer oder was Schmerzen spüren kann! Nur weil sie in unseren Augen Monster sind, sollen sie nichts dergleichen spüren dürfen? Das ist eine sehr enge Weltsicht. Meiner Überzeugung nach sollten Tiere wie Menschen betrachtet werden, dann würden wir sehr schnell und vor allem *permanent* sehen, dass unsere Vorherrschaft nur durch Unterdrückung anderer Lebensformen erreicht wird.

Ich lasse das Baby schwimmen... und rede permanent mit meiner inneren Stimme auf den kleinen Hai ein. Als ich ihn vom Boot gelöst habe, springe ich ins Wasser um ihm die Chance zu geben mich endlich zu sehen und zu „beschnuppern“. Wir bewegen uns nebeneinander und das ist auch der Moment, in dem ich hoffe, dass er sich nicht sofort aus Angst verzieht, sondern mir eine Chance gibt mich zu „erklären”.

Und so schwimmen wir zusammen, das Tigerhai-Baby und ich. Die Sonne ist mittlerweile stark genug um das Wasser in ein tiefes Blau zu versetzen und der helle Sandboden macht die Bühne des Naturtheaters einmal mehr zu einem eindrucksvollen Erlebnis. Der Tiger, den ich in der Zwischenzeit Kurt getauft habe, ist immer noch bei mir und ich lasse ihm Zeit zu vergessen, was ihn noch vor Minuten an mein Boot fesselte. Ich tauche nochmals ab und streichle ihm ein letztes Mal über den Rücken, bevor er wieder in das Blau der unendlichen Tiefen tropischer Gewässer davonschwimmt. Obwohl ich ihn wohl nie mehr in meinem Leben sehen werde, glaube ich doch, dass wir ein gemeinsames Band fanden und ich habe zum inneren Gleichgewicht mit meinen Freunden zurückgefunden. Ich steige zur Wasseroberfläche auf und mache mich auf den Weg zu meinem Boot. Noch zwei, drei Schwimmzüge und ich werde das eben Erlebte an Bord in Ruhe verarbeiten können... - doch da höre ich das Knacken des Funkgeräts und jemand krächzt: „Tiger, sehr groß, dritte Leine!“ Ich habe eine Vorstellung, was damit gemeint ist und mache mich bereit, mit einem der letzten wahren Herrscher der Meere einen *langen* Tag zu verbringen.

Unser Boot nähert sich dem Kontrollboot und auch ohne über die Seite hinabzuschauen, weiß ich, was sich unter uns befindet. Fünf Meter „Hai-pur", mit einigen hundert Kilogramm Muskeln ausgestattet. Ich versuche mich innerlich auf das Tier einzustellen und mich zu konzentrieren, denn was uns hier an den Haken ging, ist keineswegs ein leicht zu nehmendes Spielzeug. Der Grund, weshalb wir einen solchen Hai brauchen, sind Filmaufnahmen, die zeigen sollen, wie ich mit einem derartigen Tier schwimmen kann. Mit einem Baby einen Morgen zu verbringen ist eine Sache, mit einem ausgewachsenen Exemplar dieser Größenordnung verhält es sich jedoch ganz anders. Und endlich schaue ich mir den Hai einmal an. Alles, was ich sehe, ist ein dunkler Schatten, der so lang wie unser Kontrollboot ist. Ein unbeschreiblicher Anblick!

Ich wechsle zum anderen Boot hinüber und mache mich an die Arbeit. Zuerst muss der Haken aus dem Maul entfernt werden und je schneller der Tigerhai vergisst, was ihn an uns bindet, desto leichter wird meine eigentliche spätere Aufgabe. Doch ein Tier, das eine Bisskraft von mehr als drei Tonnen pro cm^2 besitzt, muss mit Vorsicht behandelt werden, wenn man ihm einen Haken aus dem Maul nehmen will! Man kann es nicht etwa betäuben oder sonstwie ruhig stellen. Das Einzige, was ich machen kann, ist wie üblich seinen Schwanz am Boot festbinden.

Zunächst muss allerdings das Problem gelöst werden, wie man das Tier längsseits ans Boot bringt und da hilft nur Fingerspitzengefühl. Ich löse zuerst die zum Hai führende Leine vom Hauptseil und führe sie sehr sorgfältig zu einem meiner Bootshaken. Es folgt ein kleiner Ruck des Hais mit dem Kopf, ich fliege in hohem Bogen über die Seite und baumele unmittelbar vor seinem Gesicht... - langsam, langsam... - ich spüre die Unruhe des Tieres, die durch die Leine zu mir geleitet wird und brauche in meinem momentanen Zustand eine Ewigkeit, doch es gelingt mir Kontakt aufzunehmen..

Meine inneren Stimmen senden in Kanonaden Erklärungen zu meinen Absichten an den Hai, versuchen ihn zu beruhigen, zu besänftigen ... doch das Einzige, was meine Kollegen auf dem Boot hören, ist lediglich ein Murmeln, das sich wie „Good Boy" anhört. Schließlich ist es geschafft! Ich habe ihn an der Seite und kann mit dem eigentlichen Problem beginnen, das Lösen des Hakens aus dem Maul. Ich streiche dem Hai über den riesigen Kopf und betrachte seine Augen. Hmm, seine Augen? Ich beauftrage einen meiner Studenten nach dem Geschlecht zu schauen, denn irgendetwas sagt mir, dass wir eine *sie* haben... und ich nenne sie Majesty, nicht nur wegen ihrer Größe, sondern weil sie bestimmt majestätisch durchs Wasser schwimmen wird. Auf den Anblick warte ich nun schon fast ungeduldig, doch zuerst muss der Haken entfernt werden.

Und das ist der kritische Punkt. Ich arbeite wie immer ohne Handschuhe, denn ich brauche den unmittelbaren Kontakt zu dem Tier. Eine Hand liegt sehr entspannt auf dem Kopf über der Schnauze, mit der anderen arbeite ich am Haken und drehe ihn so, dass ich ihn mit einem kleinen Ruck wieder herausziehen kann. Meine lockere Hand, sofern das Wort *locker* hier angebracht ist, ist mein Fühler für den Fall, dass Majesty um sich schlagen oder beißen wird. Diese leichte Berührung ist der beste Sensor um solche Bewegungen bereits im Ansatz zu erkennen und sich zurückzuziehen. Doch Majesty scheint zu spüren, dass ich sie erlösen möchte und lässt mich arbeiten. Ich knie im Boot, lehne mich über die Seitenwand und ziehe ihr den Haken aus dem Maul. Endlich ist sie befreit! Majesty hat nur noch ein dünnes Seil um den Schwanz und daran hängt eine kleine Boje, deren Sinn darin begründet liegt, dass wir sie ziehen lassen können und sie nachher trotzdem wieder finden. Dieses Hilfsmittel ist eine große Erleichterung für uns, für das Tier stellt es wohl eher eine lästige Sache dar. Ich konzentriere mich als nächstes darauf, was ich nun zu tun habe. Entgegen dem ursprünglichen Drehbuch möchte man jetzt, dass ich einerseits Majesty unter Wasser ruhig stelle und andererseits soll ich sie danach von ihrer letzten Bindung zu uns befreien und sie dem Meer zurückgeben. Ruhig stellen ist zwar eine

Leichtigkeit bei einem kleinen Hai, doch wie soll ich das bei einem so großen Exemplar angehen?

Tigerhaie zeigen ein sehr interessantes Verhalten: Sobald ihr Bauch den Boden berührt, hören sie sofort auf zu schwimmen und liegen regungslos auf dem Grund. Nur ein Anstoß von hinten kann sie wieder motivieren mit dem Schwimmen zu beginnen. Ich springe also ins Wasser um mich Majesty zu nähern. Doch gerade dies ist leichter gesagt als getan, denn sie *schwimmt*. Ausgerüstet mit Flossen, Maske und Schnorchel jage ich förmlich hinter ihr her: ein ruhiger Flossenschlag von ihr, rotierendes Gezappel von mir. Obwohl ich nicht zu den langsamen Schwimmern gehöre, treibt sie mich an die Grenzen meiner Kraft. Natürlich wäre es einfacher mich vom Boot abwerfen zu lassen, doch jedes Geräusch könnte das Tier in Erregung versetzen und wenden lassen.

Ich bin in all den Jahren mit etlichen Haien geschwommen und habe sie nach dem „Haken-Trauma" betreut*; doch immer waren es die Tigerhaie, mit denen ich nie eine wirkliche Vertrauensbasis aufbauen konnte. Nun kann man sich jedoch leicht vorstellen, dass ich, nachdem mich vor einigen Minuten das Baby Kurt zu neuen Höhen gehievt hatte, jetzt mehr als neugierig war, ob ich es auch schaffen würde mit Majesty in Kontakt zu treten. Ansatzweise glaubte ich bereits beim Entfernen des Hakens etwas gespürt zu haben, doch ob das der Tatsache entsprach, würde sich jetzt zeigen.

Ich weiß nicht, wo Menschen überall eine Standortbestimmung ihres Lebens machen, denn darüber spricht man eher selten, aber ich reflektiere meine regelmäßig, wenn ich mit außergewöhnlich großen Tieren arbeite: Was mache ich hier eigentlich? Ich bin alleine mit einem der größten und - wenn man wirklich den letzten Statistiken zu Haiangriffen Glauben schenken möchte – nahezu gefährlichsten Haie im Wasser und schwimme ihm nach. Die umgekehrte Reihenfolge würde sogar *mir* Sinn machen, der Hai verfolgt mich und ich nehme Reißaus! Aber die Realität ist hier anders herum gelagert, ich versuche einen Tigerhai einzuholen. Solche Gedanken lösen sich allerdings in Sekundenbruchteilen wieder auf, weil ich nun überlegen muss, wie ich mit Majesty arbeiten kann, nachdem ich mit ihr aufgeschlossen haben haben werde. Endlich bin ich nahe genug um das Bojenseil zu erwischen und damit beginnt der zweite Teil der Haken-Geschichte. Ich muss Majesty sanft dazu bewegen mit dem Schwimmen aufzuhören, denn ich habe nicht genügend Kraft sie auf den Boden zu drücken. Sollte sie es aber von selbst einstellen, wird sie absinken... Der Trick besteht daraus sie zu verlangsamen, ohne dass sie sich dabei zu mir umdreht, weil es ansonsten eher schwierig werden wird mich erneut bei einer Seillänge von nur zehn Metern hinter sie zu bringen. Was wäre, wenn sie sich schließlich doch noch wütend gegen mich wenden würde?

Ich beginne sanft an der Leine zu ziehen und *werde gezogen.* Majesty scheint nicht zu realisieren, dass sie einen „Bojengast" hat. Ich bin wohl einer der Ersten, der Wellenreiten nicht mittels eines Surfboards sondern eines Hais gemacht hat. Wir bieten ein fast schon komisches Bild: vorne ein Tigerhai, hinten ein Schnorchler, der durch die Wellen surft. Leider bewegen wir uns nicht permanent hoch genug um meinen Kopf dauernd aus dem Wasser halten zu können; so muss ich ihn immer wieder hinausstrecken und schnell Luft schnappen, denn schon geht das Rodeo weiter. Und wie Majesty zieht! Die Strategie unserer individuellen Vorwärtsbewegung scheint in keinem fairen Kraftverhältnis zueinander zu stehen und mir jagt eine eher wirre Idee durch den Kopf: Tauziehen. War ich es nicht, der in der Grundschule alle anderen zu meiner Seite hinübergezogen hat? Bei diesem Gedanken kommt mir wieder mein altes Siegesgefühl in den Sinn. Doch ob die Strategie bei einem Tier, das so viel wie eine ganze Schulklasse wiegt, funktioniert, ist wohl eher fraglich und meine Euphorie, die ich als Achtjähriger erlebte, relativiert sich. Aber einen Versuch ist es wert!

Ich hänge mir das Seil wie einen Mehlsack auf den Rücken und paddle mit voller Kraft in die entgegengesetzte Richtung. Das erzeugt ein eigenartiges Gefühl, als ich wegen meiner schmerzenden Beine theoretisch von Majesty wegstrebe und doch zu ihrer Seite hin fortgezogen werde. Sie zieht, ich zapple, sie schwimmt mit unverminderter Geschwindigkeit weiter und ich paddle noch stärker dagegen an – dann endlich verlangsamt sie ihr Tempo und lässt sich fallen. Eine riesige Erleichterung überkommt mich und ich treibe an der Wasseroberfläche. Nach einigen Minuten arbeitet auch meine Lunge wieder in vertretbarem Rahmen und langsam beginne ich über Majesty zu gleiten, während sie jetzt fünf Meter unter mir ruhig auf dem Boden liegt. Sie muss wohl Mitleid mit mir gehabt haben, denn erschöpft schaut sie wirklich nicht aus. Doch vielleicht sind auch ihr die letzten fünfzehn Minuten in die Knorpel gefahren. Ab und zu muss man sich eben selber die Unwahrheit erzählen...

Jetzt kommt der heikelste Punkt des ganzen Unternehmens: Ich muss mit Majesty Kontakt aufnehmen. Für mich bedeutet das abtauchen, leicht seitlich aus einem nicht-bedrohlichen Winkel auf sie zuschwimmen und ihr Zeit geben mich zu erfassen. Als ich mich ihr auf dem Grund nähere, schaut sie mich mit ihren großen Augen an und ich gebe ihr so lange Gelegenheit mich zu betrachten, wie meine Luft mich unten hält. Ich wiederhole das Ganze einige Male, bevor ich mich von hinten an sie heranwage und ihre Schwanzregion berühre. Majesty akzeptiert mich und ich kann sie anfassen. Mittlerweile sind mehr als fünfzehn Minuten vergangen und ich muss sie allmählich ein bisschen anstoßen, denn so große Tigerhaie sind in Gefahr zu sterben, wenn sie nicht genügend Sauerstoff über ihre Kiemen bekommen. Ich schiebe sie an, sie lässt es ohne Widerstand geschehen und schwimmt einige Meter.

Die nächsten Minuten werden für mich wohl unvergesslich bleiben. Ich schließe Freundschaft mit einem ausgewachsenen Tigerhai, einem sogenannten Monster und jede Minute, die ich mit ihr verbringe, lässt mich immer tiefer in eine Welt abtauchen, die mit Worten nicht zu beschreiben ist. Ich erlebe Emotionen und Gefühle, die in der traditionellen Wissenschaft nie einen Stellenwert haben werden. Doch offen gesagt, kümmere ich mich auch wenig um deren Blickrichtung, denn was ich hier erleben darf, ist mehr als Biologie beschreiben, es ist Biologie *spüren*.

Ich vergesse meinen Auftrag und habe mit Majesty eine sehr intensive, schöne Zeit. Der Bann ist gebrochen. Bereits zum zweiten Mal habe ich heute mit einem Tier Kontakt aufgenommen, zu dessen Art ich bisher nie einen Weg fand. Mittlerweile ist auch unser Boot wieder auf Rufnähe und ich melde, dass wir die Filmaufnahmen nun drehen können. Etwas schmunzeln muss ich schon, als ich sehe, wie der Kameramann sehr zaghaft ins Wasser gleitet und dann zum ersten Mal die volle Länge von Majesty sieht. Sie ist prachtvoll: groß, kräftig und in den besten Jahren. Ich wünsche ihr, dass sie noch viele Hai-Babies haben wird, die ebenfalls wie sie werden ... wer weiß, vielleicht habe ich ja in einigen Jahren das Glück mit einem ihrer Sprösslinge zu schwimmen.

Der Kameramann macht - aus sicherster Distanz - seine Aufnahmen. Ich schwimme mit Majesty und wir drehen alles ab. Es bleibt eigentlich nur noch eine letzte Sequenz übrig: das Lösen des Seils von ihrem Schwanz. Alles ist bereit. Nachdem das geschehen ist, gleitet Majesty langsam und wirklich majestätisch hinaus ins blaue Wasser. Ich schaue ihr nach, bis sich ihre Silhouette mit dem Blau vermischt und ich nur noch schemenhafte Umrisse wahrnehme. Anschließend tauche ich zur Wasseroberfläche auf und gebe dem Kameramann dort mein Zeichen der freudigen Zufriedenheit. Sein Gesicht ist jedoch eher säuerlich. Die Schlussphase hat er versehentlich gar nicht gefilmt, weil die Kamera nicht eingeschaltet war! Pech gehabt! Er hätte besser längere Zeit bei mir im Wasser verbringen und ebenfalls versuchen sollen mit Majesty zu „reden", dann wäre er nicht so nervös und hektisch mit uns beiden umgegangen. Aber im Grunde genommen bin ich gar nicht besonders unglücklich darüber, dass diese letzte Aufnahme entfällt, denn so bleibe ich der Einzige, der weiß, wie Majesty ausschaut, wenn sie stoisch und majestätisch ins Blau hinausschwimmt.

Ich bin stolz darauf, dass ich sie kennenlernen durfte. Wo sie heute auch sein mag, sie bleibt die einzige Majesty, mit der ich je schwimmen durfte.

Händehalten unter Wasser

Die Einleitungslektion ist zu Ende und die Teilnehmer meines Kurses verlassen mit einem Stapel Lesematerial die Stunde. Morgen geht es zum ersten Mal ins Meer zu den Haien. Für die meisten Seminarteilnehmer wird die Begegnung mit ihnen eine Premiere sein und einige wirken auch schon sehr nervös. Ich suche meine Stifte zusammen und packe ebenfalls, als mich eine Teilnehmerin am Ärmel zupft und fragt, ob ich einige Minuten Zeit hätte... und so beginnt die Geschichte.

Sie erzählt, dass sie in den letzten zwei Wochen keinen Schlaf mehr fand und sie sich jeden Tag mit dem Gedanken befasste den Kurs abzusagen. Sie gab sich dann doch einen Schubs, weil sie mich ja schließlich schon einige Male im Fernsehen gesehen habe und ich immer noch aus einem Stück zu bestehen scheine. Der langen Rede kurzer Sinn: Sie habe Angst, morgen ins Wasser zu steigen und fragt mich dann direkt, ob es nicht möglich wäre, dass sie entweder hinter mir bleiben dürfe oder ich sie sogar an die Hand nehme. Nichts lieber als das – doch aus einem ganz anderen Grund als sie denkt.

Ein wunderschöner Tag beginnt. Das Wasser ist tiefblau, die Sonne hoch am Himmel und wir werden von einigen Delfinen begleitet. Eigentlich wäre es gar nicht mehr notwendig überhaupt tauchen zu gehen, denn was wir hier schon geboten bekommen, übertrifft bereits den besten Tag im Büro. Doch heute ist Hai-Tauchen für die neue Gruppe angesagt und nichts kann uns davon abhalten. Ich gebe nochmals Instruktionen, dann springen wir nacheinander vom Boot aus ins Meer. Die Teilnehmerin von gestern schaut mich mit fragenden Augen an und ich gebe ihr das „Keine-Angst-ich-bleib-in-deiner-Nähe"-Schmunzeln und los geht es. Wir tauchen ab, sie bleibt hinter mir und das Spektakel ist gewaltig. Mehr als 100 Haie rauschen an uns vorbei; über, unter, hinter und vor uns sehen wir sie auftauchen und verschwinden. Es scheint ganz so, als ob wir beide das Zentrum ihrer Aufmerksamkeit bilden.

Ich genieße den gewaltigen Anblick der Tiere und abgesehen von ein paar Fingernägeln, die sich zunehmend deutlicher in meinen Oberarm krallen, erlebe ich einen dieser beeindruckenden „Einer-von-Hundert"-Tauchgänge! Einige Haie kommen auf Berührungsnähe heran, wie ein Magnet bewegen sie sich auf uns zu. Herrlich, ich spüre förmlich den Wasserdruck, wenn sie abdrehen! Leider wird meine Aufmerksamkeit nun doch ein bisschen durch das Gefühl allmählich meinen Arm zu verlieren gestört. Als ich mich nach meiner Tauchpartnerin umschaue und ihr fragend das OK-Zeichen gebe, erwidert sie es. Dabei sehe ich deutlich, dass ihre Augen lachen... wenn nun die „Beißzange" ebenfalls nachlassen würde, hätte ich Erfolg auf allen Ebenen. Der Tauchgang endet, wie er begonnen hat, mit einem Gewirr aus Flossen und Schwänzen, bis wir wieder an Bord zurückkehren.

Ich nehme die Maske ab, massiere unauffällig meinen Arm und frage die Teilnehmerin, wie ihr die Begegnung mit den Haien gefallen habe. Sie kann sich nicht mehr zurückhalten, es sprudelt aus ihr heraus. Ob ich dieses gesehen habe, ob ich jenes bemerkte, ob ich realisierte... sie beginnt zu lachen und scheint wirklich von einer enormen Last befreit zu sein.

Als das Boot am Steg anlegt, kommt sie zu mir und bedankt sich herzlich dafür, dass ich mir die Mühe gemacht habe mit ihr zu tauchen und meinen Tauchgang ihretwegen bestimmt anders gestaltete, da ich doch sicher eigentlich besseres zu tun gehabt hätte etc.... Ich versichere ihr, dass dies einer meiner besten Tauchgänge seit sehr langer Zeit gewesen sei. Was sie als Kompliment meinerseits aufnimmt, lasse ich mit einem Schmunzeln verstreichen. Hätte ich ihr wirklich sagen sollen, dass Haie normalerweise nicht so nahe an mich herankommen, wenn ich alleine mit ihnen im Wasser bin, da mein Pulsschlag sie nicht interessiert und dass die Teilnehmerin mit ihrer nervösen Zappelei mir die Annäherung endlich einmal wieder ermöglichte? Nun, ab und zu sind meine selbstlosen Gesten eben doch nicht ganz frei von Hintergedanken!

Der innere Kreis

Haie besitzen, ähnlich wie wir Menschen, eine persönliche Distanz, die einer Entfernung entspricht, bei der sie sich gegenüber Neuem nicht beunruhigt oder klarer gesagt, nicht bedroht fühlen. Sie schwimmen sehr oft direkt auf einen Beobachter zu und ändern dann plötzlich ihre Richtung. Diese Distanz bezeichne ich gerne als den inneren Kreis. Er befindet sich dort, wo meine Person in der Welt des Hais eine bedrohliche Form annimmt. Die jeweilige Distanzbreite des Tieres ist abhängig von seinem Alter, dem Geschlecht und auch der Art. Erstaunlich ist auch, dass sie sehr gering sein kann, vielleicht zwei bis drei Meter. Wenn er den inneren Kreis erreicht, nimmt der Hai keinesfalls eine große Richtungsänderung vor, sondern er zeigt zumeist nur eine geringe Anpassung. Obwohl sie außerordentlich vorsichtige Tiere sind, kommen sie sehr nahe heran, wenn man sich ruhig verhält und sie nicht erschreckt. In all den „Konfrontationen“, die ich heraufbeschwörte, sah und spürte ich, dass ich dem Hai trotz allem die Freiheit lasse sich zu entscheiden. Dadurch gebe ich ihm die Möglichkeit sich mir zu nähern oder auch wegzuschwimmen, wenn er sich beunruhigt fühlt.

Was veranlasst den Hai so reagieren? Ein Tier, das sich an der Grenze zum inneren Kreis entscheiden muss, schwimmt entweder weg oder wählt ein Schwimmuster, das den näheren Kontakt zu mir aufrecht erhält. Dass ein Hai beim Erreichen des inneren Kreises eine

90 Grad Drehung vornimmt oder gar in entgegengesetzte Richtung kehrt, habe ich nahezu niemals gesehen oder lediglich dann, wenn es sich um einen Träumer handelte. Vertraut nun aber ein Hai seiner geringen Richtungsanpassung, wird ihn sein Weg an mir vorbeiführen, in einer gewissen Distanz zwar, doch nahe genug um mich zu befühlen. Dabei kann ich ihm meinerseits die Bestätigung oder das Gefühl geben, dass ich ihm nichts Böses will und keine Bedrohung darstelle. Solche Momente sind immer sehr beeindruckend. Meistens ist die Zeit zu kurz um in eine sehr tiefgreifende Kommunikation mit dem Tier einzutreten, aber ich stelle häufig fest, dass wir ein gegenseitiges Einverständnis eingehen. Zwei unterschiedliche Welten prallen aufeinander und trotzdem korrespondieren gewisse Schwingungsebenen auf Anhieb. Zwischen uns liegen Millionen von Jahren der Evolutionsgeschichte und dennoch melden tiefe Sensoren, dass wir einander verstehen.

Wenn nun ein Hai nahe an mir vorbeischwimmt und ich ihm oder ihr in die Augen schaue, verstehen wir uns blindlings. Die Augen als Spiegel der Seele. Auch wenn kein Haiauge dem anderen gleicht, sind sie doch allesamt Übermittler der Absichten, Gefühle und Verhaltensweisen. Meistens schwimmt ein Tier nicht mehr als ein bis zwei Meter an mir vorbei, nahe genug um mich „Distanz-fühlen" und analysieren zu können. Es ist ein wunderbares Gefühl zu wissen, dass man mit jeder Pore des Tieres ausgelotet und erforscht wird.

Nicht nur der Hai macht sich ein komplettes Bild von mir, auch ich gebe allen meinen Sinnen Gelegenheit sich zu entfalten. Zwar werde ich kaum je wissenschaftliche Analysen aufgrund meiner Empfindungen ableiten können, doch werden alle „Daten" von meinem Unterbewusstsein aufgenommen, das diese dann verwertet. Das ist ein Prozess, der mit meinem rationalen Ich nicht möglich ist, denn ich bin noch weit davon entfernt verstehen zu können, wie das Unterbewusstsein in der Lage ist solche Empfindungen zu verarbeiten. Wenn ich dann anderntags wieder eine Begegnung mit derselben Art oder einer anderen habe, sind meine früheren Beobachtungen so tief in mir verankert, dass sie bei mir den Eindruck erwecken, ich kenne diese Bewegungen oder Gesten schon seit Jahren. Das Unterbewusstsein hat eine eigene Form der Bereitstellung von „Daten" entwickelt. Wenn ich das als Technik erst erlernen müsste, so ginge dies nur auf dem Weg des Auswendiglernens. Da das jedoch nicht erforderlich ist, kann ich mein Unterbewusstsein walten lassen und erhalte einen vollständigen Datensatz, der meinem rationalen Ich in kürzester Zeit zur Verfügung steht.

Was ich mit Haien am und im inneren Kreis erlebe, steht nicht nur mir, sondern jedermann offen, sofern man in der Lage ist sein rationales Ich auszuschalten. Damit meine ich das gefütterte Ich, das durch Zeitungen und Fernsehen manipuliert ist und zumeist keinen eigentlichen Trennstrich zwischen Wahrheit und Lüge machen kann. Wie

sollte es auch, denn wer hat schon Haie aus nächster Nähe erlebt und weiß, was nun richtig oder falsch ist?
Der Schlüssel dafür, sich dieser Welt zu öffnen, liegt in der Bereitschaft, die Umgebung mit der Reinheit und Unverdorbenheit des Unterbewusstseins zu erleben. Wir kennen alle das Gefühl einer tiefen Zufriedenheit, das wir beim Spaziergang durch eine Wiese, einen Wald oder eine andere naturgewaltige Umgebung spüren. Wodurch erreichen wir diesen Zustand? Wir füttern unser Unterbewusstsein mittels Nase, Ohren, Augen und vielleicht noch anderen, uns bisher unverstandenen und verborgenen Sinnesorganen und lösen dadurch die tiefe Zufriedenheit aus. Dasselbe kann man mit Haien erleben, sofern man sein rationales Ich ausschaltet und sich offen zeigt. Wenn das gelingt, wird man sehr schnell erkennen, dass die Natur mehr Erscheinungsformen aufweist, als wir uns normalerweise eingestehen würden. Die Natur äußert sich in den verschiedensten Formen und Empfindungen. Man braucht nur den Schlüssel der Offenheit, verbunden mit einer uneingeschränkten Gleichgültigkeit gegenüber dem rationalen Denken zu finden.

Der Spaziergang über die Wiese besitzt auch in meiner Welt eine tiefe Bedeutung.

Die heutige Technik macht es möglich

Der Tag beginnt mit einer defekten Kaffeemaschine und einem Toast, der aus irgendeinem Grund nicht nach dem schmeckt, was auf der Packung steht. Wenigstens versprechen die Meteorologen Sonne und einen blauen Himmel! Da ich demzufolge keinen Regenschirm bei mir habe, muss ich schließlich den Weg zum Tauch-Shop rennend hinter mich bringen... Wettervorhersage ist eben doch eine Glücksache! Manchmal frage ich mich, ob Wetterfrösche die gleichen Würfel benutzen wie wir, wenn es bei uns z.B. darum geht jemanden für den Abwasch zu finden - oder ob sie anstelle der Zahlen kleine Symbole haben, die ihnen eine weitere Vorhersage erleichtern.

Meine Laune ist auf Grund meines Frühstücks – das nicht existierte – und der nun auch noch fehlenden Sonne nicht gerade erfrischend. Ich marschiere, ziemlich nass, den Weg zur Tauchbasis entlang und werde dabei den Gedanken nicht los, dass der heutige Tag nicht optimal begonnen hat und ich mich wohl besser auf weitere Überraschungen gefasst machen sollte. Doch weit gefehlt, der Tag scheint sich zum Guten zu wenden! Es gibt keine Probleme, als ich ankomme: alles ist sowohl vorbereitet als auch intakt. Eine halbe Stunde später legt das Boot planmäßig vom Steg ab – und die Sonne entscheidet sich nun doch mit von der Partie zu sein. Ich hätte wohl nicht so früh zu hadern beginnen sollen!

Heute möchte ich meinen neuen Pulsmesser beim Tauchen testen, da mein alter während des letzten Experimentes einen Wassereinbruch hatte, also „absoff", wie man es in der Tauchersprache nennt. Pulsmesser helfen mir sehr bei meinen Annähe-rungsversuchen bei Haien...

Ich suche mir auf dem Boot ein ruhiges Plätzchen, entspanne mich und beginne meine Pulsfrequenz zu senken. Nach einigen Minuten erreiche ich 41 Schläge pro Minute. Der Wert ist nicht schlecht, wenn man bedenkt, dass ich noch vor einer Stunde sowohl den Toaster als auch die Kaffeemaschine mit dem Hammer reparieren wollte. Ich ziehe mich um, springe ins Wasser und nach dem Abtauchen finden sich auch bald die ersten Haie ein. Haie reagieren auf den Herzschlag eines Menschen. Doch in welcher Weise? Es ist eine gängige Meinung, dass sie merken, wenn jemand „nervös" ist. Ich will der Frage nachgehen, was sie wirklich registrieren.

Zwar habe ich einige Vorstellungen, was beim Tier abläuft, doch gibt es noch an verschiedenen Stellen meiner Theorie Fragezeichen, aber auch wenn es ziemlich unglaubwürdig klingt, bewahrheitet sich eines immer mehr, nämlich dass der bloße Gedanke an einen Hai diesen bereits näher heranbringen kann. Es scheint, als ob das Denken an das Tier beim Menschen eine körperliche Reaktion auslöst, die mit einer leichten Versteifung des Körpers endet, aus der dann ruckartigere Bewegungsabläufe resultieren. Dass mit dieser Nervosität auch ein höherer Herzschlag verbunden ist, versteht sich von alleine. Sie geht meist auch mit einem leichten Zappeln einher und all das erzeugt einen für Haie anziehenden Frequenzbereich. Interessanterweise scheinen die Tiere dabei Vorlieben für gewisse Schwingungsbereiche zu haben.

Ein ruhiger Puls ist für Haie eher uninteressant und man kann mit einem solchen zwischen ihnen durchschwimmen ohne sie zu verscheuchen. Ist er aber ein wenig erhöht - so zwischen 60 und 80 Schlägen - eigentlich Werte im normalen Bereich, kommt bereits wieder die persönliche Distanz des Tieres zum Tragen. Das Problem des inneren Kreises. Doch wenn der Herzschlag über das Normale hinausgeht und 90 oder gar 100 Schläge erreicht - nichts Außergewöhnliches, wenn man nervös ist oder eine Anstrengung unternimmt -, dann scheinen die Haie in einen eher „erregteren" Zustand zu geraten. Der ist für mich zwar immer interessant, doch löst er bei dem einen oder anderen Taucher gelegentlich den freundlichen Abschiedsgruß, verbunden mit dem Boot-Zeichen, aus.

Ich hocke mich nach dem Abtauchen auf den Sand und mache einige Atemübungen; dabei hilft mir mein Ausatemgeräusch jeweils sehr oder das Zählen der Schwanzschläge vorbeischwimmender Haie... es ist ein guter Tag, denn der Puls verlangsamt sich bis auf 39 Schläge pro Minute. Noch zwei, drei Minuten entspannen und ich beginne mit den Haien herumzukreisen. Der Puls bleibt niedrig, ich mache einige Annäherungsversuche von unten, hinten, dann oben und die Tiere lassen alles mit sich geschehen.

Für mich ist es sehr wichtig nahe an die Haie heranzukommen um verstehen zu lernen, wie sie miteinander kommunizieren und interagieren. Sie von weitem zu betrachten bringt nur in den seltensten Fällen neue Erkenntnisse. Befinde ich mich aber hinter der ersten Rückenflosse oder zwischen den Brustflossen und „verschmelze" mit dem Tier, gibt mir das die Möglichkeit tiefere Einblicke zu erhalten. Einige Male habe ich so bereits neue Erkenntnisse gewonnen, wie Haie untereinander „funktionieren". Für solche Versuche ist ein Pulsmesser nahezu unumgänglich, denn sehr oft ist die Annäherung oder Positionierung in unmittelbarer Nähe des Hais mit großen Anstrengungen verbunden und ein Messgerät ist dann ein guter Anzeiger für die Chancen des Gelingens.

Ich schwimme auf dem Rücken, zwischen den Brustflossen eines Hais und mache meine Beobachtungen. Das Tier scheint dies nicht zu kümmern. Mein Puls hat sich mittlerweile auf 45 Schläge pro Minute eingependelt und ich genieße die Fahrt, obwohl das Tauchen auf dem Rücken nicht gerade vorteilhaft ist. Die Zeit verstreicht bei solchen Experimenten immer viel zu schnell... und ich habe meine Pressluftflasche fast schon leer gesaugt, als ich den letzten Hai über meinen ausgestreckten Arm gleiten lasse und auftauche. Die Arbeit mit einem Pulsmesser macht wirklich vieles leichter. Technologie hat eben doch ihre Vorteile!

Ich bin wieder auf dem Boot, lehne mich zurück, sehe mich in meiner Phantasie bereits am Strand sitzen, den Sonnenuntergang genießen und meine Gedanken aufschreiben. Doch der Himmel verdichtet sich und schon schüttet es wie aus Kübeln. Zu allem Überfluss kommt auch noch Gary auf mich zu und meint lakonisch: „...wird wohl ein längerer, nasser Aufenthalt hier draußen, der Motor will nicht mehr..." Zum Glück trage ich jetzt den Pulsmesser nicht mehr!

Verkehr am Futter

Wenn ich etwas in meiner Zeit als „Taucher und Drängler" gelernt habe, ist es folgendes: Wenn Nahrung in eine Runde geworfen wird, erfährt man mehr über soziale Strukturen als in jeder anderen Situation. Das ist ein alter Trick, den ich von meiner eigenen Studienzeit und den Parties her kenne. Dass sich Haie für derartige Studien besonders eignen, dürfte eigentlich klar sein, denn welchem Taucher sind sie nicht bekannt, die „Feeding Frenzies" - die unkontrollierten Fressorgien! Nun, ob sie wirklich völlig unkontrolliert sind oder lediglich dem nervösen Auge eines noch nervöseren Tauchern so erscheinen, möchte ich an dieser Stelle offen lassen und eine etwas umfassendere Erklärung dazu liefern.

Ich hänge wieder einmal in einer Wassersäule in Walker's Cay, Bahamas und filme eines unserer „Chumsicle-Ereignisse". Ein „Chumsicle" ist ein etwa 0,5 m^3 grosser Ballen tiefgefrorener Fischabfälle, der an einer Boje hängt und am Boden mit Hilfe eines Ankers befestigt ist. Die Haie umkreisen diesen Chumsicle und ab und zu beißen sie ein Stück heraus. Je nach Fütterungs- oder Hungerzustand läuft das Ganze entweder wie ein scheinbar riesiges Durcheinander, bestehend aus Köpfen, Schwänzen und grauen Körpern - oder aber ehrenhafter und in einer gewissen Weise sogar besonnen ab. Welches Extrem das Ganze auch annimmt, es ist doch jedes Mal erstaunlich zu sehen, wie sich die Tiere an das Futter heranwagen.

Natürlich ist dieser Chumsicle nur ein Trick, den wir anwenden um die Haie anzulocken, denn keiner von ihnen hungert wirklich. Es ist die gleiche Erfahrung, die man als Gastgeber bei einem Fest macht: Jeder Eingeladene gibt vor, schon seit Mittag nichts mehr gegessen zu haben um so den vollen Teller in der Hand zu rechtfertigen.

Ich beschäftige meine Studenten häufiger damit, dass ich sie die Häufigkeit des Zubeißens am Chumsicle zählen lasse und dabei habe ich schon einige Male „schweißtriefende" Gesichter bei ihnen gesehen, nicht weil das Hängen in der Wasser-säule sehr anstrengend wäre, sondern weil es hier so lebhaft wie in einer Schießbude auf der Kirmes zugeht. Nur sieht jeder dieser speziellen Schützen ebenso grau aus wie der davor oder danach und alles läuft sehr schnell ab. Anstehen, einrichten, zielen, beißen, wegschwimmen und wieder anstehen. Normalerweise zählen wir bis zu einhundert „Schüsse" pro Tauchgang, das bedeutet, bei einer Menge von hundert Haien bekommt jeder gerade mal ein gutes Maul voll Nahrung ab; wenn nur fünfzig Tiere fressen, sind es zwei Mäuler. Wäre nur ein Hai beteiligt, so erlebte der wohl das Privatfest seines Lebens! Wichtig ist zu verstehen, dass wir beim „Feeding Frenzy" keinen natürlichen Ablauf sehen, sondern tatsächlich nur eine Hai-Meute, die sich um eine knappe Beute streiten müssen. Gäbe man also den Tieren genug Futter, würden auch alle Mäuler gestopft; soviel ist zu den für einige Menschen so wichtigen, immer erwähnten und *scheinbar natürlichen* „Feeding Frenzies" anzumerken. Unter dem Strich sind „Feeding

Frenzies" wohl eher eine Kreation unseres Denkens und nicht wirklich existent. Das sei nur am Rande erwähnt, denn vielmehr will ich erklären, was eigentlich abläuft, wenn sich (zu) viele Haie an einem Ort aufhalten, wo (zu) wenig Nahrung vorhanden ist.

Ich hänge immer noch in der Wassersäule in Walker's Cay, Bahamas und filme unser Chumsicle-Ereignis. Dies geschieht indirekt, denn ich halte meine Kamera auf Hüfthöhe (John Wayne lässt grüßen) und habe meine Augen unmittelbar auf den Chumsicle gerichtet. Ich filme mit dieser Technik, weil ich keine Details verpassen möchte, die mir sonst durch den Linsenblick verborgen geblieben wären. Zugegeben, auf einigen meiner Videos sieht man dann dementsprechend auch „neue" Haiarten, z.B. perfekt schwimmende Tiere ohne Rückenflosse und um dem Ganzen noch mehr Dramatik zu verleihen, haben diese Tiere auch nur einen unteren Schwanzteil!

In John-Wayne-Manier beobachte ich also den Chumsicle und das scheinbare Durcheinander nimmt allmählich geordnete Strukturen an. Zwar sieht es zunächst so aus, als ob sich immer mehrere Tiere gleichzeitg an den tiefgefrorenen Nahrungsblock hängen, doch stellt man bald fest, dass es sich eher um ein sehr schnelles Nacheinander handelt. Auch dies zeigt wiederum Feinstrukturen: größere Tiere verdrängen kleinere, Weibchen verdrängen Männchen und eine Art scheint die andere zu dominieren. Um den Ablauf zu komplizieren wird von der gesamten grauen Sippe dafür gesorgt, dass nicht nur meine Studenten „schwitzen", sondern ich ebenfalls, denn einige der Haie machen Pseudo-Bisse oder nähern sich bis auf eine kurze Distanz dem Chumsicle und schwimmen wieder weg ohne letztendlich zugebissen zu haben. Wir erleben hier also auch vollgefressene Tiere. Der Vergleich mit dem Verhalten von Menschen, die bereits am Tag zuvor auf einem Fest waren und deshalb wirklich satt sind und diejenigen, die zwar um das Buffet streichen, aber sich nicht entscheiden können, ob sie nun doch etwas vom Eiersalat oder vom Auflauf versuchen sollen, drängt sich auf. Zieht man dies in Erwägung und weiß, dass sich etwa 80 bis 120 Haie in Position werfen um die Gunst des Augenblicks zu nutzen, ist dafür die Wortkombination „zum Verzweifeln" schon mehr als nur ein milder Ausdruck. Aber wie für alles im Leben muss auch hier die Beobachtungsgabe erst entwickelt werden. Wenn man schließlich die beiden Hai-Arten unterscheiden kann - auch hier gibt es solche mit Nadelstreifen und ohne - sowie ihr Geschlecht eindeutig erkennt, eröffnet sich jedem Betrachter eine neue Welt sozialer Strukturierungen und Hierarchien.

Es ist erstaunlich, dass wir auch in der Welt der Haie kleine Wiesel finden, die sich anschleichen und dabei versuchen, kurz etwas vom Buffet zu stehlen ohne sich in die Warteschlange einzureihen. Sollten sie erfolgreich sein, findet man sie bald wieder in der Nähe der besten Happen, doch nicht selten bekommen solche kleinen Tiere eine gewaltige Zurechtweisung. Eigentlich immer sind es die großen Weibchen, die diesen Haien mit dem Oberkiefer eine Art neuer, geordneter Streifenmuster verpassen, doch sobald dieselben weiblichen Tiere dann nicht mehr in unmittelbarer Nähe des Futters sind, akzeptieren sie auch die Präsenz der - nun mit frischen Verzierungen versehenen - Artgenossen ohne Vorbehalt. Sobald Futter keine Rolle mehr spielt scheint auch die Hierarchie eher untergeordnet zu sein. Als mir diese besondere Rangordnung zum ersten Mal auffiel, konnte ich mich natürlich nicht zurückhalten mich an die Flossen eines Tieres zu hängen um ihm oder ihr während des gesamten Chumsicle-Ereignisses zu folgen. Mittlerweile habe ich, da es bei dem einzelnen Ereignis nicht geblieben ist, eine erstaunliche Sammlung von Portraits aus dem „Leben eines Wanderers“.

Ein Weibchen nähert sich langsam. Von weitem sehe ich sie, doch ihr Bestreben sich dem Chumsicle zu nähern, ist nur gering entwikkelt. Ich schwimme „verdeckt” an sie heran, weil ich ihr über die Schultern schauen möchte und das geht nur, wenn ich sie mit meiner Präsenz nicht erschrecke. Wir bewegen uns gemächlich auf das Zentrum der Aktivitäten zu. Was geht in dem Tier vor, ist eine Frage, die ich mir oft stelle, wenn sich ein Hai mit moderatem Tempo und scheinbar uninteressiert dem Gewühl nähert.

Ich schaue ihr also „über die Schultern” und muss eingestehen, dass sie *sehr* groß ist. Ihre langsamen Bewegungen geben auch mir etwas Majestätisches; ich lasse geschehen. Dieses „geschehen lassen” ist allerdings ein relativ heikles Unterfangen, denn sie zieht inzwischen zielstrebig in die Richtung des Gewühls. Ich hoffe eindringlich, dass sie sich nicht entscheiden wird, direkt *unter* dem

Chumsicle durchzuschwimmen: das ist nämlich die rote Zone und der eigentliche Ort, wo Sturzhelme und Polster ratsam sind. Bricht ein Teil des Chumsicles weg und fällt zu Boden, dann befände ich mich genau dort, wo „geprügelt" wird. Das Hai-Weibchen entscheidet sich nicht unten durchzuschwimmen, sondern sie zieht direkt auf den Chumsicle zu. Wird sie fressen? Ich hänge immer noch über ihrer Schulter und lasse geschehen.

Ich bin nun mittendrin, über mir, neben mir und auch im Gegenverkehr ziehen die Haie vorbei. Seitliches Passieren ist ja noch erträglich, doch die entgegenkommenden Tiere scheinen nicht zu begreifen, dass ihr Kopf zwar problemlos an mir vorbeikommt, ihr Schwanz jedoch mir ins Gesicht hämmern wird: Danke hier, danke dort, einmal Maske richten, wieder zurechtrücken und so nähern wir uns dem Chumsicle. Nun wird der Verkehr auch für mich ein wenig zu grob, denn ich bekomme vom ersten Hai, der vor den andern noch schnell etwas vom Buffet haben will, einen derben Stoß in die Rippen, durch den ich beinahe meine Kamera verliere. Dass solche Momente auf einem Videofilm nicht gut ausschauen, ist verständlich: Boden, Himmel, Grau, Himmel, Boden und wieder Schulter... Schließlich sehe ich zwar noch immer Sterne und irgendjemand scheint mir dabei permanent in die Ohren zu pfeifen, aber ansonsten bin ich wieder in der Lage meinem weiblichen Hai über die Schultern zu schauen. Sie nähert sich dem Chumsicle - und dreht weg. Mein Kopf pfeift, die Sterne haben sich zur Rundbahn organisiert - und sie zieht einfach weg! Aber eigentlich bin ich ja hier um ihr zu folgen und nicht um mich in Astronomie zu üben!

Viele Fragen schießen mir durch den Kopf: Wohin zieht sie jetzt? Verlässt sie die Arena? Ich kann mir nicht vorstellen, dass sie gerade noch zu einem Biss ansetzen wollte und jetzt wegzieht! Als sie schließlich ihre Geschwindigkeit erhöht, folge ich ihr, so schnell ich kann: Aus dem Weg, wir kommen! Sie scheint irgendetwas im Schilde zu führen. Sollte dies eine Geschwindigkeitsverringerung sein, hätte ich gar nichts dagegen einzuwenden, oder falls das nicht ihre Absicht wäre, dann sollten wir wenigstens wieder in das Gewühl zurückkehren. Beides würde mich freuen. Endlich scheint sie mich gehört oder Mitleid mit mir bekommen zu haben, denn die Geschwindigkeit nimmt ab und ich beginne erneut die Situation zu genießen. Es geht wieder zurück zum Chumsicle.

Alles folgt wie gehabt. Sie zielt wieder unten durch. Bitte nicht! Sie scheint mich zu hören, hebt an und es geht ein weiteres Mal direkt auf den Nahrungsblock zu. Inzwischen haben meine Sterne im Kopf von der ersten Begegnung ihre Umlaufbahnen verlassen und ich sehe bereits wieder klarer. Ich lege keinen Wert auf neue Sterne, aber damit muss schon fast gerechnet werden, wenn wir in die innere Zone des Chumsicles kommen. Doch sie dreht ab und zieht eine große Warteschleife um ihn herum und wartet, wartet, wartet.... ich hänge nun bereits seit mehr als 20 Minuten an diesem Weibchen.

Aus irgendeinem Grund scheint ihr das einfach nicht zu gefallen, denn weder der Chumsicle noch die anderen Aktivitäten interessieren sie offenbar wirklich. Wir drehen uns nun stetig im Kreis. In Gedanken beginne ich schon meine Vorlesungen vorzubereiten, die ich nach dem Tauchgang halten muss, doch plötzlich zieht sie zu dem Zentrum hin. Fast verpasse ich die Gelegenheit, spurte gerade noch rechtzeitig mit und sie hält ihren Kurs, nicht unten durch, sondern direkt auf den Chumsicle zu. Sie nähert sich, stößt hier, drückt dort und legt zum Biss an. Da kommt ein Frechling und versucht noch vor ihr ans Ziel zu kommen; er kassiert gewaltige Prügel. Ich bin unendlich froh, dass ich diese Tätowierung nicht abbekommen habe und nun beißt sie *endlich* zu. Es dauerte nahezu 30 Minuten, bis sie endlich zubiss und ich meine Filmaufnahmen machen konnte! Dann schwimmt sie weg.

Ich beobachte nun das Treiben am Chumsicle: Die Aktivität ist groß und viele Haie kreisen, nähern sich und beißen zu. Bedenke ich jetzt aber, wie lange mein Hai-Mädchen tatsächlich brauchte, bis sie endlich zuschappte, so wundert es mich eigentlich, wie man überhaupt von einer „Feeding Frenzy" sprechen kann; „Deciding Frenzy" wäre wohl eher zutreffend.

Wie auch immer, dies war ein schöner Tauchgang! Langsam beginne ich im Wasser mit dem Aufstieg und genieße die letzten Bilder - und wer schwimmt nun neben mir? Der Kleine, der vor einigen Minuten noch Hiebe auf die Nase bekam. Es ist schon wahr, man sollte das Maul nie zu voll nehmen, ansonsten kann man mit neuen Musterungen im Gesicht enden. Es gibt auch „blaue Augen" bei Haien.

Die gegenseitige Anpassung

Ich schwimme wieder einmal durch das Blau des Wassers, meine Augen sind auf die Ferne eingestellt und versuchen irgendwo einen Hai auszumachen. Mein Gefühl sagt mir, dass die Tiere nahe sind, nur entdecke ich bisher weit und breit keines. Doch dann, schwach und undeutlich zwar, aber doch sichtbar, steuert ein Hai in meine Richtung. Er hat bereits den äußeren Kreis durchschwommen, aber leider kommt er nun nicht unmittelbar in meine Richtung, sondern wird mich um einige Meter verfehlen. Eine solche Situation erlebt man häufiger, weil nur in wenigen Fällen ein Hai direkt auf einen Menschen zuschwimmt - zum Leid eines Haiophilen!

Ich beobachte das Tier für einige Augenblicke, schaue, wohin er sich wahrscheinlich bewegen wird und beginne dann mich in einem bestimmten Winkel dem Hai zu nähern, dessen Richtung für ihn keine Bedrohung darstellt. Dadurch verhindere ich ihn zu einem abrupten Richtungswechsel zu zwingen und bewirke lediglich eine leichte Angleichung seiner Schwimmrichtung, wenn er den inneren Kreis „betritt". Ich komme dem Hai entgegen und warte auf sein Eindringen in den inneren Kreis. Als dies geschieht, ändere ich sofort meine Richtung und bewege mich nun parallel zur seiner, mit derselben Distanz, mit der er seine Korrektur beim Eindringen in den inneren Kreis vornahm. Unser Parallelschwimmen ist nun ein beiderseitiges Einverständnis des benötigten unbedrohlichen Abstandes und die Kommunikation kann beginnen.

Warum mache ich eigentlich solche Studien und worin liegt ihr Wert? Einerseits geben sie mir ein sehr tiefes Verständnis für die „Persönlichkeit" eines Hais und andererseits möchte ich Wege finden, die es jedem Taucher erlauben sollen mit diesen Tieren in Kontakt zu treten. Begegnungen mit Haien sind mehr als nur das Schwimmen mit den Räubern der Meere und der herrliche Kick ist ebenfalls bei weitem nicht das Ziel, denn das liegt darin zu erkennen, dass Haie auch Gefühle haben und diese sogar zeigen können.

Emotionen eines Hais

Als Wissenschaftler plage ich mich Tag für Tag mit neuer Literatur herum, die zum Verhalten von Tieren geschrieben und herausgegeben wird. Ein Themenkreis interessiert mich dabei sehr: Emotionen - Gefühle - bei Tieren. Haben sie wirklich Gefühle, oder sind wir Menschen es, die dergleichen hineininterpretieren? Glaubt man der gängigen Literatur so scheint es, dass zumindest einige Arten von Menschenaffen Gefühle haben, „niedrigere" Tiere jedoch nicht. Doch was lässt uns entscheiden, dass eine Art solche haben kann, sie bei anderen aber fehlen? Ich will nun weder ein weiteres Mal über Anthropomorphismus reden noch darüber, weshalb diese Denkweise es ab und zu leichter macht über solche Dinge bei Tieren zu sprechen, sondern möchte hier konkret über die möglichen Gefühle bei Haien reden. Mir ist klar, dass ich mit den nachfolgenden Ausführungen einigen meiner Kollegen auf die Zehen trete oder Stirnrunzeln erzeuge, aber oftmals muss man aus dem Elfenbeinturm heraustreten um Dinge erfassen zu können oder diese aus einem anderen Licht betrachten zu können.

Dass Haie Emotionen haben, steht für viele Leute außer Frage. Das Problem ist nur diese auch wirklich zu sehen, was bei Haien nicht ganz einfach ist. Wie kann man beobachten, ob ein Tier guter oder schlechter Laune oder allenfalls gereizt ist? Ein Hai, der in aggressiver Stimmung ist, bewegt sich wie ein Mensch eher „übertrieben". Um zu erklären was das bedeutet, möchte ich zuerst darüber berichten, wie es aussieht, wenn er oder sie gelassen durchs Wasser gleitet.

Die Schwimmgeschwindigkeit eines Hais wird in der Wissenschaft in Körperlängen pro Sekunde angegeben. Diese Angabe lässt sich universell auf alle Arten anwenden, doch sagt sie nichts darüber aus, *wie* die Bewegung zustande gekommen ist. Beobachtet man einen Hai und vergleicht man ihn mit einem zweiten, vorzugsweise von einer anderen Art, so stellt man leicht fest, dass der eine scheinbar „nervöser" schwimmt als der andere, obwohl beide gleich viel Distanz in derselben Zeit zurücklegen. Das lässt sich an den Proportionen der Schwimmbewegung und der zurückgelegten Strecke erkennen. Ein entspanntes Tier zeigt auch in der Strömung einen äußerst geringen Schwanzschlag. Haie schwimmen in einer sehr harmonischen Bewegung. Den Maßstab für diese Beurteilung kennen wir auf der kognitiven Ebene nicht, sondern er liegt in unserem Unterbewusstsein verborgen, denn das ist in der Lage, verschiedenste, für uns auch - bewusst gesehen - unbekannte Bewegungsmuster zu analysieren. Werden wir gefragt, wie eine Bewegung für uns ausschaut, antworten wir meistens mit „... ich habe das Gefühl, dass...". Genau diese Empfindung zu spüren bedeutet für uns, dass unser Unterbewusstsein in der Lage ist aus seinem Archiv einen Vergleich mit Daten zu ziehen, die vorhanden und bekannt sind.

Ein Gefühl haben bedeutet das Unterbewusstsein sprechen zu lassen. Das ist eine Ebene, die nicht nach rationalen Vorstellungen handelt, sondern ihre eigenen Methoden hat, die Informationen zu verarbeiten, die nicht durch das bewusste Denken aufgenommen werden. Daraus ergibt sich nun die Frage, wie das entspannte Schwimmen eines Hais aussieht. Neben den bereits beschriebenen Schwanzschlägen scheint er seinen restlichen Körper eher nicht zu bewegen (das scheint aber nur so) und zeigt von den Bauchflossen bis zum Kopf hin nur eine sehr geringe Aktivität. Für das Tier ist das von großer Wichtigkeit, denn würde der Hai seinen Kopf und Vorderkörper im selben Maße seitlich auslenken, nämlich als Gegenschwingung zum Schwanz, benötigte er zusätzliche Energie für die Vergrößerung des entstehenden Umrisses und dies würde für ihn erhöhte Schwanzarbeit bedeuten. Bei Haien stellt das Verhältnis von Kraftaufwand und Ertrag ein Optimum dar. In dieser sehr empfindlichen Beziehung spielen natürlich auch die anderen Flossen eine wesentliche Rolle, allen voran die Brustflossen.

Brustflossen haben sehr wichtige Funktionen: Einerseits helfen sie beim Gleiten und andererseits dienen sie seiner Manövrierbarkeit. Zeigt der Hai ausgewogene und harmonische Bewegungsabläufe, wird man kaum eine Änderung der Brustflossenposition sehen, denn die Natur kreierte diese Tiergruppe so perfekt, dass bei normalem Schwimmverhalten nahezu keine Veränderung notwendig ist um eine ausgewogene Bewegung zu ermöglichen.

In diesem Zustand werden die Brustflossen wie Tragflügel eines Flugzeugs gebraucht, wobei die Flossen nicht horizontal zur Körperachse stehen, sondern leicht angewinkelt um den notwendigen Gegendruck zur Schwanzflosse zu erzeugen. Schwanz- und Brustflossen agieren als ein Paar. Beide spiegeln in den durch ihre Positionierung erzeugten Schwimmbewegungen Absichten wider. Je harmonischer und ausgewogener ein Hai schwimmt und fühlt, desto geringer und kleiner sind seine Auslenkungen der Flossen.

Gerade das Manövrieren ist eine sehr wichtige Form des Gefühlsausdrucks beim Hai, ähnlich unserem „Daherkommen". Geht man gebückt, ist das Zeichen einer nieder-geschlagenen oder erschöpften Stimmung; geht man sehr aufrecht, drückt dies eine zielstrebige, kraftvolle Haltung aus. Geht man sogar steif, deutet das zumeist auf einen eher arroganten und/oder unsicheren Charakter hin. Die charakteristische Art der Bewegung ist Ausdruck einer jeden Persönlichkeit. Auch Haie sind in der Lage, mittels ihrer Flossenstellungen solche Wesensarten ausdrücken zu können – das bedeutet allerdings nicht, dass sie dadurch betrübt oder arrogant werden. Mit ihrer Bewegung zeigen sie, dass sie etwas beabsichtigen, was in uns fast immer eine Reaktion auslöst. Leider erregt uns das bloße Auftauchen eines Hais oft in einem solchen Ausmaß, dass unser Unterbewusstsein gar keine Möglichkeit hat uns zu signalisieren, dass der Ausdruck des Hais „keine Gefahr" bedeutet!

Das Szenario ändert sich: Ein Hai fühlt sich nicht „wohl" bei der Begegnung mit einem Menschen und versucht dies zu signalisieren. Der Hai gibt *uns* damit die Möglichkeit eine Konfrontation zu vermeiden und auszuweichen. Er verfügt über mehrere Möglichkeiten dieses Signal zu setzen, wobei die Brustflossen ein sehr wichtiges Werkzeug darstellen. Doch wie weiß ein Hai, dass wir auf seine abwehrende Bewegung, die oft fälschlicherweise als Aggressionsverhalten bezeichnet wird, mit Rückzug reagieren werden? Die Natur scheint Mechanismen geschaffen zu haben, die eine Gebärde von der Zielgruppe, an die sie gerichtet wird, auch erwidern lässt. Oder wie ist es sonst zu verstehen, dass Tiere unterschiedlicher Art mit Hilfe ihrer Ausdrucksmittel eine Reaktion bei anderen hervorrufen? Ein Hund, der eine Katze ankläfft, wird als Antwort einen Katzenbukkel oder Fauchen erhalten. Wie weiß eine Katze, dass das Bellen des Hundes eine Bedrohung darstellt? Auch hier muss eine universelle Verständigung in Erwägung gezogen werden, eine Ebene der Ausdrucksweise, die allen höheren Lebenwesen gegeben ist. Haie drücken – als eine der Möglichkeiten - ihr mögliches Unbehagen durch die Stellung der Brustflossen nach unten aus. Dabei wird nicht nur das „Bild" der Flossen verändert, sondern natürlich auch die Schwimmweise des Tieres, die auf Grund der heruntergedrückten Flossen bei gleichbleibender Geschwindigkeit grotesk ausschaut. Das Nach-unten-Drücken bewirkt einerseits schaukelnde Bewegungen, andererseits kann es aber so sehr übertrieben werden, dass der Hai förmlich einen Buckel bildet, der seine Schwimmweise noch wesentlich grotesker erscheinen lässt. Könnte es sein, dass der Hai wie unser Haustier einen „Katzenbuckel" erzeugt aus dem Zwang heraus nicht zu wissen, ob er fliehen oder angreifen soll? Mehrheitlich wurde diese Möglichkeit mit ja beantwortet.

Doch auch hier gibt es mehrere Varianten für das Hinunterklappen, vom leichten Verzerren, das ein Unbehagen ausdrückt, bis hin zum vollen Drohverhalten. Entsprechend des Grades seines Unbehagens ist auch die Begegnung von harmlos bis eher zu „mit Vorsicht zu genießen" einzustufen. Wenn nun ein Hai sogar „buckelt", passiert aufgrund seines Köpers noch ein weiteres Phänomen: Er hebt seinen Kopf. Dies ist nicht als weitere Drohgebärde zu verstehen, sondern vielmehr ein Resultat der Spannung in der Körperhaltung, die eben dazu führt, dass der Hai den Kopf hebt. Doch ob weitere Drohgebärde oder nicht, dieses groteske Bild der Schwimmbewegung sollte ernst genommen und mit einem Rückzug des Beobachtenden beantwortet werden. Das Verhalten mit den nach unten gedrückten Flossen konnte ich schon viele Male beobachten. Panik ist für Taucher nicht angesagt, sondern lediglich ein Verändern der Absicht sich dem Hai weiter zu nähern. Wenn es eine Situation ist, in der wir ihn in die Enge treiben - bewusst oder nicht - sollten wir ihm Raum geben und ihn wegschwimmen lassen. Haie sind nicht nachtragend und aus dem „Raum-geben" wird die Entspannung des Tieres resultieren.

Doch auch wenn nun sehr ausführlich beschrieben worden ist, wie es ausschaut, wenn ein Hai sich nicht wohl fühlt, muss doch festgehalten werden, dass dies die Ausnahme von der Regel ist. Ein Hinunterdrücken spiegelt meistens etwas ganz anderes wider, nämlich - wie bereits angesprochen - die Erhöhung der Manövrierbarkeit. Oftmals kommt ein Hai näher und beginnt den Anstellwinkel der Brustflossen zu verändern, was eine Vergrößerung der seitlichen Oberfläche zur Folge hat. Dies ermöglicht einem Hai schneller zu wenden und abzudrehen.

Wie immer man es auch sieht, die Brustflossenstellung soll nicht als universeller Zeiger für die Gefühlswelt eines Hais angesehen werden, denn da ist mehr, wenn man mit ihm per Zufall oder bewusst interagieren muss oder will.

Wie bereits angedeutet, ist die Schwanzflosse ebenfalls ein Indikator für die Befindlichkeit eines Hais. Ist die Bewegungsfrequenz in einem ausgewogenen Verhältnis zur Schwimmgeschwindigkeit, scheint das Tier mit der Natur im Gleichgewicht zu stehen. Doch sieht man häufiger auch Haie, die scheinbar wesentlich mehr mit dem Schwanz schlagen und dabei nicht schneller schwimmen, sondern nahezu stehen bleiben. Das ist keinesfalls ein Zeichen für eine ineffiziente Schwimmtechnik, denn Tiere mit einer so langen Evolution haben keine Ineffizienz in ihrer Bewegungsweise. Eine solche Bewegung ist ebenfalls eine Ausdrucksform des Unbehagens oder erhöhter Alarmbereitschaft. Dabei ist es nicht die erhöhte Frequenz, sondern vielmehr die übertriebene Auslenkung des Schwanzes, die zu diesem Resultat führt. Betrachtet man einen Hai von vorne, wenn er auf jemanden zuschwimmt, nimmt man nur die Silhouette des Kopfes, die Rückenflosse und seine Brustflossen wahr, die von vorne wie Striche aussehen. Auch die Schwanzflosse ist nahezu nur als Strich zu erkennen. Eine übertriebene Auslenkung der Schwanzflosse bewirkt nun aber, dass die Flosse so weit seitlich geschwenkt wird, dass sie nun auch von vorne leicht gesehen werden kann. Daraus resultiert eine Vergrößerung der Silhouette. Ähnlich dem Abspreizen von Flossen bei Knochenfischen, des Kragens bei Echsen oder dem Aufstellen von Federn bei Vögeln wird hierdurch ein vermeintlicher Gegner abgeschreckt und vertrieben. Auch Haie benutzen dieses Spiel der Einschüchterung. Doch häufig befinden wir uns nicht frontal vor einem Hai und nehmen entsprechend die Vergrößerung nicht wahr, sondern lediglich die übertriebene Auslenkung des Körpers.

Die Oberflächenausdehnung bei Frontalsicht kann bei verschiedene Haiarten sogar noch gesteigert werden. Einige Arten sind nämlich in der Lage sich einem Beobachter frontal in Spiralform schwimmend zu nähern, wodurch der Eindruck eines wesentlich größeren Tieres entsteht. Doch vielleicht dient das Spiralschwimmen gar nicht dem eigentlichen Vergrößern der Silhouette, sondern ist nur ein Resultat des Schwimmens mit einer veränderten Brustflossenstellung, des Buckels und des angehobenen Kopfes.

Was immer es auch ist, eindrucksvoll ist es bestimmt!

Die Seele eines Hais

Wohin schauen wir zuerst, wenn wir mit einem Tier konfrontiert werden? In die Augen. Der Versuch darin etwas analytisch zu deuten fällt - abgesehen von uns vertrauten Haushunden und Katzen - eher mager aus. Doch weshalb blicken wir einem Tier überhaupt in die Augen? Ist es das Unterbewusstsein, das uns diesen Versuch diktiert und dadurch mitteilen will, dass sie ein Spiegel der Persönlichkeit sind? Das könnte zutreffen, doch fraglich bleibt, wie wir das erfassen sollen. Was „sagt" uns, dass dieses oder jenes Tier - nach menschlichem Empfinden - Gutes oder Böses will?

Ich bin davon überzeugt, dass unser Unterbewusstsein die Kontrolle übernimmt, sobald wir einem Tier in die Augen schauen und intuitiv mit Schwingungen, Empfindungen und anwendbaren Lösungen gefüttert werden. Doch eine solche Brücke wird so schnell und komplex verbunden, dass man meint, sie sei in unserem bewussten Denken entstanden. Die Augen sind ein Fenster zur Seele beim Tier und bei jedem Menschen. Nur geübte Personen sind in der Lage einem analysierenden Blick mit scheinbarer Gleichgültigkeit zu begegnen.

Letztlich sind es aber nicht nur die Augen, die uns Hinweise auf ein mögliches Verhalten eines Tieres geben, sondern es ist die damit verbundene Reaktion. Jede Betrachtung ist ein wechselseitiger Vorgang; entsprechend löst sie nicht nur in uns eine hormonelle und somit meist körperliche Reaktion aus, sondern auch im Gegenüber. Die Reaktion des Tieres erfolgt jedoch zumeist schneller, da sich dessen Analyse auf einem bewusstseinsloseren Niveau abspielt, das nicht durch rationale Denkprozesse verlangsamt wird. Ich glaube zwar, dass Tiere ebenfalls eine Form von rationalem Denken besitzen, doch ist es kaum mit unserem vergleichbar.

Kann man nun sagen, dass der Hai uns etwas mitteilen will, wenn er uns mit seinen scheinbar toten Augen anschaut? Warum ist es uns so wichtig verbalisieren zu können, wie die Augen auf uns wirken? Wenn wir an diese „toten" Augen denken, würde das ja folglich bedeuten, dass er keine Seele oder eben eine tote besitzt. Sind Haie und damit Tiere ganz allgemein, seelenlos? Nun, wir alle lieben unsere Haustiere, sprechen mit ihnen, vermenschlichen sie, glauben, dass sie uns verstehen. Oftmals stellen sie für uns eigentliche Lebensgenossen dar und sicher billigen wir ihnen eine Seele zu, denn wie sonst könnte ein solches Tier so viel Freude verbreiten?
Müsste man als Konsequenz aus diesen unterschiedlichen Einstellungen nicht folgern, dass es beseelte und seelenlose Tiere gibt? Ich glaube, die Natur würde niemals unterscheiden zwischen Gut und Böse, Nützlich und Nutzlos oder beseelt und seelenlos. Besitzen Haie nun eine Seele?
Das ist wohl Ansichtssache und letztendlich nicht festzustellen, doch je häufiger man mit den Tieren zusammen ist, desto mehr erkennt man Verhaltensweisen, die wir bei Haustieren vermenschlichen wür-

den. Irgendwann kommt dann der Zeitpunkt, wo man auch mit Haien zu sprechen beginnt und „die Seele ist geboren“. Wir diktieren selbst mit unserem Verstand, wem oder was Gutes bzw. Böses zugeordnet wird oder wer eine Seele besitzt. Wenn sich nun also genügend Menschen mit Haien auseinandersetzen und merken, dass auch sie Gefühle haben, werden sie ebenfalls eine Seele bekommen.

Ich lebe mit den Haien und für mich ist es keine Frage, ob sie eine Seele haben oder nicht. Ich bin überzeugt davon. Sie geben mir so viel Freude und ich sehe in ihnen, was jeder Hund- oder Katzenfreund in seinem Tier findet, nämlich einen treuen Freund. Auch Haie haben eine Seele!

Ein Kampf ohne Gefühle

Weshalb sollen Haie überhaupt geschützt werden? Gibt es nicht andere Tiere, die ebenso viel Aufmerksamkeit benötigen? Zwei Fragen, die mir oft an den Kopf geworfen werden, wenn ich Vorträge halte oder Diskussionen leite und meine Antwort ist immer dieselbe: „Sicher, aber das ist nicht mein Kampf!"

Vielleicht könnte man mich als ignorant oder verbohrt bezeichnen, wenn man ein enges Weltbild besitzt und die Komplexität des Ganzen bzw. die Kleinheit eines Einzelnen nicht sieht. Ich finde es nicht sinnvoll in die Natur hinauszugehen und ohne Berücksichtigung der Form und Art einfach alles retten und schützen zu wollen, was das Mitleid erregt. Es sind zwei Dinge, die mich dabei stören: Einerseits ist es das *Gefühl*, das wir in unseren Kreuzzug hineinlegen und andererseits ist es die *Menge*, die wir beschützen wollen. Das sind genau zwei Aspekte zu viel, die das Anliegen scheitern lassen.

Es ist nicht sinnvoll sich für mehrere Sachen gleichzeitig aufzuopfern, da man seine beschränkte Energie an zu vielen Stellen einsetzen muss und das führt längerfristig immer zum Scheitern. Doch wie steht es mit den Gefühlen? Sicher ist es hilfreich sie zu zeigen, wenn wir für etwas eintreten wollen, weil wir so dem Gegner unsere Stimmung präsentieren können. Sie nützen jedoch nichts, wenn es uns darum gehen sollte Kapital in Form von Hilfe erwirken zu wollen. Sie sind der Sache sogar abträglich und führen nicht selten zum Misserfolg. Damit meine ich nicht, dass man keine Gefühle entwickeln soll - ganz im Gegenteil - doch haben diese bei der eigentlichen Konfrontation keinen Platz. In Auseinandersetzungen ohne Emotionen ist es leichter die Kontrolle zu behalten; Gefühle zu zeigen macht verletzlich. Dieser Zustand bedeutet eine selbst herbeigeführte Schwächung und ermöglicht weitere Verwundbarkeit, wodurch noch die Fähigkeit zum klaren Denken und zur Argumentation verringert wird.

Mit anderen Worten: Gefühle bewirken, dass das rationale Denken negativ beeinflusst wird und dadurch könnte das Durchsetzen eines neuen Gesetzes oder einer Verordnung zum Schutz eines Naturaspektes gefährdet werden. Natürlich werden mich jetzt verschiedenste Seiten mit Gegenargumenten bombardieren, doch ist unsere Gesellschaft an einem Punkt angekommen, an dem die Natur nicht mehr nur einen grünen Aspekt darstellt, sondern eine knallharte Frage des Überlebens ist. Wenn es um Sein oder Nichtsein geht, kann und wird nur ein messerscharfer Verstand, der nicht durch Gefühle in irgendeiner Weise abgelenkt wird, zum Erfolg führen.

Allerdings belastet mich diese Strategie, obwohl ich sie doch proklamiere, sehr oft selbst, denn es betrübt mich, wenn ich für Lucky, Bruno und den Rest meiner Hai-Gemeinde aufstehe und sie als neutrale Ware behandeln muss. Aber das ist der einzige Weg zum Verständnis. In meinen „Sturm und Drang“-Jahren habe ich häufig mit

Gefühlen argumentiert und versucht den Leuten die Not der Haie zu „verkaufen“. Ich musste jedoch bald einsehen, dass ich meine Freunde so nicht „vermarkten” konnte, da ich beim vermeintlichen Konsumenten keine Einsicht in die Notwendigkeit ihres Schutzes wecken konnte.

Meinen Tieren fehlt der Knuddeleffekt, die Stupsnase oder die großen Augen und das macht meinen Kampf von Anfang an um einige Stufen aussichtsloser. Es ist falsch, dass man Haie nicht auch in die Arme schließen, sie streicheln und mit ihnen „Baby-Gespräche” führen könnte, nur ist das in Anbetracht ihrer Erscheinungsform einfach nicht naheliegend. Doch schließlich möchten wir kein Tier nur wegen seines Äußeren schützen, sondern einzig wegen seines Lebens und allem, was damit zusammenhängt.

Neben dem Standpunkt, den ich vertrete, habe ich noch einen anderen Zugang; ich *kenne* viele Haie und ihre Kinder mit Namen und sie geben mir Tag für Tag eine innere Zufriedenheit. Doch leider kann ich mit keinem dieser Argumente ins Feld ziehen, denn meine Chancen etwas zu erreichen wären mehr als nur gering; hingegen die, dass man mich für übergeschnappt hält, bedeutend größer. Für viele Leute stehe ich wohl ein wenig auf der „zu behandelnden” Seite, aber wohl nur deshalb, weil nicht verstanden wird, dass es neben der für uns so alltäglichen und alles dominierenden Welt noch eine andere gibt, die zwar von jedem entdeckt und gespürt werden kann, doch die eher eine Erschütterung des Fundamentes der „normalen" Denkweise bewirkt.

Wir leben in einer technisierten, oft zu theoretischen und abstrahierenden Welt, die alle Aspekte des täglichen Daseins in Quoten, Prozenten, Säulen, Margen usw. gliedert. Zwischenebenen, die nicht graphisch, tabellarisch oder in einer Hochrechnung ausgedrückt werden können und somit unserer übertrainierten Ratio keine neue Nahrung geben, können nicht erfasst und gewertet werden. Das lässt sie an den Rand des Notwendigen rücken - keine Priorität, kein Gewinn, kein Bedürfnis. Wenn wir daher Haie wirklich in das Bewusstsein unserer Gesellschaft heben wollen, müssen sie als notwendige Bedingung für unsere Existenz dargestellt und verstanden werden.

Die Erhaltung der Haie als schützenswerte Arten zu verkaufen ist eine Sache; weit schwieriger ist es jedoch der Gegenargumentation standzuhalten, wobei die einfachste Frage uns bereits aus dem Gleichgewicht werfen kann: Könnten wir nicht auch ohne Haie auskommen?
Das könnten wir bestimmt, wenn wir uns ausschließlich für einen schönen Sandstrand mit möglichst vielen Touristen interessieren; nicht jedoch, wenn wir nur einen Kilometer weiter hinausschauen auf die Vorgänge im Meer. Haie sind die unumgänglichen, alles dominierenden Räuber der Ozeane, ohne die das gesamte Ökosystem ihres Reiches nicht nur in Frage gestellt, sondern in kurzer Zeit in sich

zusammenbrechen würde - Haie: die ultmative Kraft im Zusammenwirken der tropischen Ketten.

Wir sprechen uns immer gegen das Abholzen des Regenwaldes u.a. wegen der damit verbundenen Abnahme des Sauerstoffes aus. Gewagtere, durchaus richtige Äußerungen versuchen auch auf Grund der Meeresverschmutzung und des dadurch zerstörten Planktons denselben Schluss zu ziehen. Stellte man nun das Aussterben der Haie als ebenso problematisch und bedrohlich wie z.B. das Ozonloch dar, dann würde wohl jeder mit dem Kopf schütteln. Das Wort von der Volksverdummung wäre naheliegend. Doch wie unwahrscheinlich es auch klingen mag: Das Vernichten der Haie wird die Zerstörung der Ökologie der Meere nach sich ziehen. Es ist nicht die Meeresverschmutzung, das Ozonloch oder die totale Abholzung der Regenwälder, die unser Untergang sein wird, sondern das Entfernen der obersten Glieder der Nahrungsketten.

Wir alle kennen den Ausdruck Gesundheitspolizei, den wir gebrauchen, wenn wir einmal nicht gerade über den tödlichen Biss, das Monsterhafte oder das Bedrohliche eines Hais sprechen. Was bewirkt die Gesundheitspolizei überhaupt, die besser „Optimierungspolizei“ genannt werden sollte? Haie fressen bevorzugt alte, kranke und schwache Tiere, weil es eine reine Energiefrage ist solche Beute ist viel leichter zu fangen. Hieraus resultiert ein unmittelbarer Effekt, der der bejagten Gruppe - z.B. einem Fischschwarm - schließlich sehr zugute kommt. Durch das Elimieren von alten, kranken und schwachen Tieren wird deren weitere Fortpflanzung verhindert und folglich ausgeschlossen, dass ihre nachteiligen Gene in den Schwarm eingebracht werden. Dadurch kann er sich, unter dem Aspekt der Gesundheit betrachtet, zu einer optimalen Gruppe entwickeln. Der Hai frisst also nicht nur energetisch günstig, sondern bewirkt auch, dass dem Schwarm seine bestmögliche Gesundheit erhalten bleibt. Werden aber die Haie ausgerottet, entfällt die Optimumskontrolle und die Fische werden durch die Erhaltung von zu viel minderwertigem Erbgut kränklich und anfällig. Daher ist das oft gehörte Zitat, dass Haie die Fischschwärme zerstören, weil sie diese wegfräßen, unhaltbar, denn nur *weil* Haie vorhanden sind, kann man Fische in großer Zahl antreffen.

Eine Ausrottung der Haie dezimiert die Fischfangerträge in kürzester Zeit.

Müsste man der Berufsfischerei einen Patron, einen Heiligen, geben, dürfte man ihn wahrscheinlich „St. Tiburon" nennen, den „Heiligen Hai", denn er ist es, der geradezu einen Segen für die Fischerei darstellt. Haie kennen, im Gegensatz zu uns, keine einseitige Bevorzugung einzelner Fischsorten. Wir betreiben eine *über*intensive Befischung weniger Arten und lassen andere unberührt - dadurch wird ein marines Ungleichgewicht geschaffen. Haie hingegen verteilen sich innerhalb ihres Ökosystems so, dass sie alle Fischarten in einem universalen Gleichgewicht halten können. Das ist etwas, was wir Menschen nicht verstehen und das auch gar nicht erst versuchen sollten; es liegt außerhalb des Rahmens unserer Möglichkeiten.

Haie sind die obersten Kontrolleure der Meere, die begnadete Macht, die entscheidende Kraft. Es verwundert daher nicht, dass die drei weit verbreitetsten Tierarten dieser Erde, die über 50 kg schwer werden, zu den Haien zählen. Es sind nicht die Delfine oder Wale, denen wir gerne diese Funktion zugesprochen hätten. Nein, es sind genau die Tiere, die wir jährlich zu Millionen abschlachten, erschießen, wieder ins Wasser werfen, nachdem wir ihnen die Flossen abgeschnitten haben - lebend... es sind Haie, die Tag für Tag, Woche für Woche, Jahr für Jahr unsere marinen Vergewaltigungen hinnehmen und auszugleichen versuchen.

Wir Menschen sind an einen Punkt gekommen, wo wir aus Habgier jede scheinbare Gefahr oder Konkurrenz zu eliminieren versuchen. Dadurch glauben wir einer Konfrontation mit dem Eingeständnis unserer unüberlegten und kurzsichtigen Handlungsweisen ausweichen zu können. Doch selbst wenn wir dann letzlich nur noch Ruinen vorfinden, sind wir nur zu der Aussage bereit, dass der Hersteller der Zerstörungswaffen verantwortlich ist und nicht deren Benutzer.

Der Hai, den wir zu hassen belieben, wird zu dem Tier, ohne das wir nicht mehr leben können.

In jedem Hai stecken Wesenszüge eines weißen Hais

Es ist Abend, die Sonne verzaubert das Blau des Meeres in rote, gelbe, dann rosa Töne und versinkt langsam darin. Das Rot entflammt am Himmel, die Wolken scheinen zwischen Glut und Blau des aufkommenden Abends hin- und hergerissen und bilden das faszinierende Bindeglied zum aufsteigenden Mond mit seinen Sternen im Osten und der versunkenen, aber immer noch an ihre Präsenz erinnernden Sonne.

Wir sitzen am Tisch und die typische Taucherdiskussion nimmt ihren Lauf. Es dreht sich wieder einmal alles um Haie, um ihre Größe, wer wohl den Größten gesehen hat, wie nahe der war ... alles schon gehört, oft gesehen und trotzdem wird es ein weiteres Mal diskutiert. Einige Biere später schwenkt nun auch diese Diskussion zu dem Herrscher von allem, zu seiner Majestät, dem weißen Hai. Woran liegt es, dass man immer auf ihn zu sprechen kommt? Vielleicht ist es sein Gebiss, seine Größe, Kraft, Unnahbarkeit, Augen, etc..... oder die Summe aus allem. Irgendetwas muss es sein, denn auch mich zieht die Faszination in ihren Bann. Trotzdem glaube ich, dass alle Haie, die eine ähnliche Schwimm- und Ernährungsweise haben, dieselben Charaktere in sich tragen. Das ist vielfach jedoch nicht so offensichtlich, weil sie nicht seine übermäßige Größe haben.

Ich schwimme oft zwischen Haien und beobachte sie meist aus einem vergleichenden Aspekt heraus, nämlich die Unterscheidungsmerkmale der verschiedenen Arten voneinander oder ihre Gemeinsamkeiten. Vieles scheint arteigen zu sein, doch bei genauerem Hinschauen stellen sich manche Beobachtungen als nicht existente Einbildungen heraus.

Haie haben viele Gesichtszüge, die sich bei den meisten Arten wiederfinden lassen. Doch es gibt eine Position, die gerade bei den Weißen so übernatürlich und unwahrscheinlich wirkt und sie ist wohl die beeindruckendste von allen: der stehende weiße Hai, der seinen Kopf nach oben hält. Dieses Bild ruft auch in mir eine Gänsehaut hervor, nicht auf Grund der Gewalt oder Kraft, die in dem Tier stekken, sondern wegen der bloßen Präsenz. Man muss es sich vorstellen: Zwei Tonnen pure Muskeln stehen im Wasser ohne sichtliche Bewegung, der Hai liegt flach, aber dennoch hebt sich sein Kopf und infolgedessen bekommt das Maul die typische halboffene Stellung - faszinierend! Eine Position, die wohl die am bedrohlichsten erscheinende Kreation darstellt, die von der Natur je hervorgebracht worden ist.

Die Wahrscheinlichkeit jemals einen Weißen zu Gesicht zu bekommen ist allerdings verschwindend klein oder nahezu inexistent. Und doch: Bei genauem Hinschauen ist in jedem Riffhai ein Stück weißer Hai verborgen. So nahm ich es bei einem meiner Tauchgänge mit karibischen Riffhaien wahr. Wir befanden uns nach einem langen Tauchgang beim Aufstieg und ich drehte mich langsam um meine Achse um nochmals alles anschauen zu können. Weit von uns entfernt sah ich einen Taucher, der sich bereit machte an die Leiter zu schwimmen um die unterste Sprosse zu erreichen. Da tauchte unvermittelt ein Hai aus der Unendlichkeit des Meeres auf. Er hatte eine stattliche Größe und schwamm sehr zielgerichtet auf den Mann zu, der keine Ahnung hatte, was sich zwei Meter hinter ihm befand. Das Tier war nun unmittelbar an seinen Flossen, schwamm nicht mehr, sondern lag flach und begann seinen Kopf zu heben, dabei öffnete sich sein Maul und es nahm die so alles überragende, sich ins Unterbewusstsein einnistende Pose der Weißen an. Aber, obwohl er sich wie ein Weißer verhielt, war er doch „nur" ein karibischer Riffhai.

Dieses Bild hat sich tief in mir eingebrannt, denn es zeigt mir, dass es eben keines Weißen bedarf um die entsprechenden Position zu erzeugen, denn sie ist in allen Haien verankert. Verwandtschaft ist tiefer verwurzelt, als man oftmals glaubt.

Ein Weg zurück zur Natur

Meine liebste Tageszeit ist die Dämmerung, die halbe Stunde, bevor es endlich dunkel wird und die ersten Sterne am Himmel erscheinen. Diese Zeit benutze ich gerne um mir nach einem langem Tag sowohl Gedanken über das Geschehene zu machen als auch über Dinge, die tagsüber einfach keinen Platz fanden.

Ich spaziere am Strand entlang, spüre den Sand und das letzte Himmelsrosa weicht dem ersten Funkeln der Sterne. Ich fühle mich frei und genieße solche Momente. Sie geben mir ein Gefühl der Naturverbundenheit und -geborgenheit. Gibt es diese Begriffe überhaupt? Vielleicht nicht, aber für mich bedeuten sie, dass mir der Ort, an dem ich mich gerade befinde, eine Geborgenheit vermittelt, die mir ermöglicht frei zu sein, ungebunden von weltlichen Normen, von finanziellen Süchten und Erfordernissen - Sein im reinsten Maße. In diesen Augenblicken frage ich mich sehr oft, wieso wir unser Leben von dergleichen westlichem Streben diktieren lassen.

Weshalb laufen wir immer dem Geld nach, obwohl wir wissen, dass wir es gar nicht bis auf den letzten Pfenning brauchen? Woran liegt es, dass uns das Guthaben auf der Bank eine gewisse Sicherheit gibt? Worin liegt der Vorteil sich einreden zu können, dass, wenn einmal etwas passiert, man dafür...? Sollte es dann wirklich zu einem Notfall kommen, suchen wir nach Mitteln und Wegen um das Konto trotzdem nicht anrühren zu müssen.

Der Besitz materieller Dinge macht das Leben sicher angenehmer und vielfach freier, aber er macht nie *frei.* Wir bleiben permanente Sklaven unserer Gier, unabängig davon, ob wir in der Hierarchie höher steigen oder nicht. Ich glaube, der Geldsklave ist der Einzige, der auch auf der Chefetage dieselbe Form von Prügel einsteckt, wie er sie auch erhalten würde, wenn er noch auf der untersten Stufe arbeitete. Wie immer man es auch drehen mag - man bleibt ein Sklave. Natürlich kenne ich den weit verbreiteten Satz vom Geld verdienen müssen um überleben zu können. Generell stimme ich der Aussage zu, doch wir häufen darüber hinaus einen Überschuss an um unser Sicherheitsdenken zu befriedigen. Wäre es nicht im Interesse von uns allen einen Weg zu finden, auf dem wir mit geringerem Profitstreben zu demselben Sicherheitsgefühl gelangen könnten? Dies wäre das ultimative Mittel - das es allerdings bereits gibt, es liegt unmittelbar vor uns und kostet nichts. Es ist die Natur.

Sie offeriert das einzige *unentgeltliche* Gleichgewicht; wir brauchen es uns nur zu erschließen. Für mich heißt Natur sehen, erleben, fühlen und in mein tägliches Leben einbeziehen. Wie oft spaziere ich am Abend am Strand entlang, schaue einfach ins Blaue und lasse geschehen! Es ist dasselbe Erlebnis wie mit meinen Haien, ich lasse geschehen. Ich öffne mein Unterbewusstsein und lasse übernehmen und leiten. Der Weg, *wie* man diesen Zustand erreicht, liegt im Entspannen inmitten der Natur. Dafür braucht man sich nicht einmal hinzusetzen, sondern kann mit geöffneten Augen durch die Gegend spazieren und sein Unterbewusstsein die Regie übernehmen lassen. Ich entspanne mich so in den Abendstunden, wenn ich mich noch an einen Strand zurückziehe, vielleicht auch mit dem Boot ein wenig hinausfahre, einen leichten Dauerlauf mache oder mich einfach irgendwo hinsetze und den Krebsen zuschaue.

Beobachten, verbunden mit dem Versuch sich von den Trieben und Ängsten zu befreien und sich dem zu öffnen, was die Natur in unmittelbarer Nähe zu bieten hat, ist ein sicherer Weg zur Entspannung und Befreiung. Die Krebse, die anscheinend ziellos in der Gegend umhereilen, die willkürlich am Himmel gleitenden Vögel oder der Fisch, der ohne erkennbaren Grund vor mir herumschwimmt, sie alle unterliegen einer zunächst planlos erscheinenden Unordnung, doch bei genauerem Hinschauen, beim Leiten-lassen durch das Unterbewusstsein realisieren wir bald, warum die Krebse, die Vögel und der Fisch aus ihrem Instinkt heraus sich genau so verhalten. Sobald wir diese Erkenntnis mit unserem rationalen Denken verstehen können, haben wir die Öffnung zu unserem Unterbewusstsein gefunden, dem die Möglichkeit gegeben wird unsere Ratio zu überlagern. Unsere westlichen, immer durch Triebe kompensierten Gedanken werden für Momente vom Unterbewusstsein befreit und wir können uns auf den Mikrokosmos vor uns konzentierten bis wir unsere normalen Zwangsgedanken abschalten und in die Natur hineinsehen. Wem es nun gelingt sich jeden Tag auf dieser Ebene aufzuhalten, wird schnell merken, dass da noch eine ganz andere Welt existiert, die nur darauf wartet entdeckt zu werden.

Und schon bald wird das Unterbewusstsein zusammen mit seiner Fähigkeit uns mit der Natur zu verbinden zum wichtigsten Arbeitsmittel, zum freieren Ich.

Der tote Winkel eines Hais

Unabhängig davon, wie nahe ich auf einen Hai zuschwimme, spüre ich, ob ich mit ihm oder ihr kommunizieren kann oder nicht. Dieses In-Kontakt-Treten lässt sich dadurch erklären, dass ich dabei mein rationales Denken auf ein Minimum zurückschraube und mein Unterbewusstsein die Führung übernehmen lasse oder anders ausgedrückt, ich lasse mich in einen meditativen Zustand fallen. Ich kann zu dieser völlig entspannten Körperhaltung finden, wenn ich von *Haien* umgeben bin, weil ich mich einerseits durch sie nie bedroht fühle. Sie sind meine Freunde, die ich „spüren und lesen" kann. Andererseits hilft mir eine sehr einfache Konzentrationsaufgabe mich in Minutenschnelle in diesen Zustand gleiten zu lassen: ich zähle die Schwanzschläge des Hais, mit dem ich kommunizieren möchte. Eins, zwei, drei ... mein Puls fällt, 60, 55, 50, 45 und pendelt sich innerhalb kürzester Zeit um 40 Herzschläge pro Minute ein, dann kann es losgehen. Zwar bin ich weiterhin im vollen Besitz meiner Gedanken, doch scheinen sie wie durch eine Wolke hindurch an mich heranzukommen. Nur eine Vorstellung ist klar und deutlich: der Hai mit seiner Ausstrahlung. Das Unterbewusstsein übernimmt die Führung und leitet mich in eine neue Welt. Ich beginne das Tier zu betrachten, versuche Kontakt aufzunehmen und konzentriere mich auf seine Augen. Ich warte darauf, dass er mit ihnen reagiert. Der Hai schwimmt zwar immer noch in dieselbe Richtung mit gleichbleibender Geschwindigkeit, doch seine Augen beginnen sich an mir zu orientieren - in ihnen wird eine deutliche Bewegung sichtbar. Das ist eine wichtige Brücke für die Verständigung, denn ich habe bei ihm die Neugierde geweckt und wir beginnen einander zu „beschnuppern".

Ich versuche in der ersten Phase lediglich parallel zu ihm zu schwimmen ohne näher zu kommen, ohne den Abstand größer werden zu lassen und nicht *vor* ihm zu sein. Auf gleicher Höhe bleiben – oder auch leicht dahinter - signalisiert, dass ich seine Position als dominantes Tier respektiere und mich unterordne. Wir schwimmen miteinander. Nach einiger Zeit versuche ich nun den Hai an mich zu binden und erweitere den Abstand zwischen uns in der Hoffnung, dass unsere gemeinsame Basis jetzt stark genug ist und er versuchen wird den Zwischenraum wieder zu verkleinern, indem er nun näher kommt und eine Reaktion zeigt. Und das geschieht. Mit den meisten Haien, zu denen ich in all den Jahren in Kontakt trat, konnte ich eine solche Verringerung der Distanz bewirken, die aufzeigt, dass die Brücke zwischen uns stark genug ist und sie deswegen erlaubt mit dem Hai zu kommunzieren.
Haie besitzen das wohl perfekteste Instumentarium an Sinnesorganen, das die Erdgeschichte je hervorgebracht hat. Keine andere Tiergruppe ist in der Lage, Dinge in ihrer Umgebung mit einer solchen Zahl von Detektoren erfassen zu können und dementsprechend erhält ein Hai in unmittelbarer Nähe zu mir eine Fülle von Informationen. Es ist ein permanentes „Ich-spüre-dich-du-spürst-mich"-Szenario und wir „bombardieren" einander mit Schwingungen, Geräuschen und

einer besonderen Form der Erregung, die uns Menschen von jeher große Probleme bereitet, nämlich das „Ich-habe-einfach-das-Gefühl,-dass...“- Gefühl. Das Unterbewusstsein öffnet seine Rezeptoren und lädt sein Gedächtnis mit allen wichtigen Reizen. Diese so wichtigen Emotionen sind es, die mein rationales Annähern diktieren, ähnlich einem Raumschiff, das andockt und sein Manöver doch nur dann ausführen kann, wenn die Steuerung auf „Automatik” gestellt wird. Wir lösen den Vorgang von uns ab und lassen das Unterbewusstsein agieren, damit dies erfolgreich geschehen kann.

Die Schwingungen, die der Hai mit seinem Körper und Schwanz aussendet, „überhört” *er* zwar, doch nicht so seine Reflektionen, die von mir abprallen. Sie geben dem Hai eine genaue Distanzangabe zu mir und werden hauptsächlich mit Hilfe seines Seitenlinienorgans registriert. Daneben nimmt das auch meine Präsenz wahr; womit nicht so sehr die Geräusche gemeint sind, die ich erzeuge, sondern vielmehr das Wasser, das ich verdränge und gegen ihn drücke. Man kann dieses Organ daher auch als einen „Distanz-Fühler” bezeichnen, denn es registriert meine Wasserverdrängung und ist so in der Lage mich zu spüren.

Der Hai besitzt verschiedene Möglichkeiten unseren Abstand zueinander aufrecht zu halten, doch wie er das letztendlich erreicht, ist noch weitgehend ungeklärt. Möglicherweise kann er willentlich seine eigenen Schwingungen so eliminieren, dass er nur meine etwas unbeholfenen Bewegungen wahrnimmt - lässt er ebenfalls sein Unterbewusstsein die Führung übernehmen?

Doch nicht nur Schwingungen geben dem Hai über den Aufenthaltsort und die Distanz genaue Auskünfte. Er besitzt noch weitere, über den Körper verteilte Organe, die ihm über Töne und Wasserverdrängungen Auskunft geben: die Pitorgane. Das sind kleine Häufchen einzelner Nervenenden, die man überall an seinem Körper findet, vorwiegend in der Rücken- und Seitenregion und die es nahezu unmöglich machen sich einem Hai zu nähern ohne entdeckt zu werden, es sei denn...
Natürlich sind auch die Augen ein wichtiges Hilfsmittel für den Nahbereich um mich ständig beobachten zu können. Doch ehrlich gesagt, habe ich noch nie das Gefühl gehabt, dass unsere Zusammentreffen mit den Augen gesteuert werden müssen, denn gelegentlich scheint es mir so, als ob der Hai durch mich hindurchschaut und mich gar nicht wahrnimmt; aber hier versucht das rationale Denken eben wieder die Oberhand zu gewinnen. Ob Seitenlinie, Pitorgane oder Augen, der Hai besitzt noch mindestens drei weitere Möglichkeiten mich zu „erfassen": mit den Ohren (!), der Nase und einem Organ, das elektrische Felder analysieren kann. Fast könnte man denken, der Hai spielt förmlich mit seinen Sinnen um herauszufinden, welches Organ am besten für die betreffende Situation eingesetzt werden soll.

Natürlich haben wir Menschen mit unserem rationalen Denken diese Sinne bereits analysiert und scheinen zu wissen, wann einer von ihnen dominierend ist, wann ein weiterer in Aktion tritt und haben sie alle sehr logisch erklärt - doch jeder, der schon einmal mit Haien geschwommen ist, weiß, dass diese sehr schöne Erklärung nur ein Teil der Wahrheit sein kann. Verdränge oder relativere ich dieses Wissen und lasse die Eindrücke und Schwingungen auf mich einwirken, dann spüre ich deutlich, dass da noch mehr ist.

Wenn man bei einem Hai von „Ohren" spricht, meint man natürlich nicht solche wie unsere menschlichen Ohrmuscheln - obwohl wahrscheinlich ihr Erscheinungsbild ihn sehr zu unserer Freude verändern würde -, doch ist sich der innere Aufbau beider Formen nicht unähnlich. Auch ein Hai kann Schwerkraft, Beschleunigung und Geräusche messen oder wahrnehmen, zudem ist er mit seinem Organ selbst auf weite Distanz in der Lage zu wissen, woher ein Geräusch kommt; das ist eine Fähigkeit, zu der wir Menschen unter Wasser nicht in der Lage sind. Zwar hören auch wir Geräusche sehr gut, doch können wir die Töne nicht lokalisieren. Das Ohr der Haie ist ein weiterer Beweis für die Überlegenheit dieser Tiere. Wenn nun jemand bei seinem nächsten Tauchgang die Gehörgänge der Haie finden möchte, braucht man nicht in der „logischen Region" um die Kiemen herum danach zu suchen, sondern auf dem Scheitel der Tiere. Die Öffnungen sind lediglich als kleine Poren auszumachen.

Auch die Nase ist bei Haien eine Struktur der Superlative. Früher wurden die Tiere oft als „schwimmende Nasen" bezeichnet, ein Tribut an ihre überaus sensationellen Leistungen zur Wahrnehmung von Gerüchen. Hier setzen Haie wiederum Maßstäbe, die keine Vergleiche im Tierreich zu scheuen brauchen. Zwar kennt man noch erstaunlichere Leistungen, doch handelt es sich dabei um die Tiere, die primär und ausschließlich von der Fähigkeit zu riechen abhängig sind und nicht wie die Haie auf ein ganzes Arsenal von weiteren Sinnesleistungen der Superlative zurückgreifen können.

Wollte man nun dem Hai eine Medaille für sein außergewöhnlichstes Sinnesorgan überreichen, stünde diese wohl jenem zu, das fähig ist elektrische Felder im Mikrovolt-Bereich zu registrieren: den lorenzinischen Ampullen. Dabei handelt es sich um ein Organ in der Schnauzenregion. Es befähigt den Hai, elektrische Felder unterschiedlicher Natur wahrzunehmen, angefangen vom Herzschlag eines im Sand vergrabenen Fisches bis hin zu den Muskelzuckungen eines Menschen, der nervös im Wasser hängt. Ein wirklich perfektes Organ!

Mit all diesem Wissen ausgestattet nähere ich mich nun meinem vermeintlichen Gesprächspartner, dem Hai und versuche mich beim Parallelschwimmen in seine Denk-, Handlungs- und Schwimmweise zu versetzen. Dazu begebe ich mich in seinen toten Winkel, der sich über dem Schwanzstiel des Tieres befindet, und zwar in einer Distanz von nicht mehr als 30-40 cm von ihm. Der zweite „blind spot" befindet sich am Bauch hinter den Bauchflossen. Die Begründung, weshalb ich eine solche Schwimmweise bevorzuge, liegt darin, dass ich ebenfalls *seinen* Blickwinkel haben möchte, wenn er durch das Wasser zieht. Doch ab und zu suche ich auch den Blindspot am Bauch - einfach aus Freude und Übermut mich auf den Rücken zu drehen und mit meinem Freund Bauch-an-Bauch zu schwimmen. Ein Bewusstsein der völligen Auslieferung und ein unendlich faszinierendes Gefühl der Schwerelosigkeit erfassen mich. Das Wichtigste aber ist, dass ich dem Tier vollständig vertraue.

Auf dem Rücken zu schwimmen ist sicherlich ungewohnt für jeden von uns, doch ermöglicht diese Position wirklich eine völlige Loslösung von allen Konventionen. Der Hai wird zum alleinigen Bezugspunkt meiner Welt und meiner Gedanken, ein Gefühl, das nie vollständig und wirklich befriedigend beschrieben werden kann.

Zusammenstoß mit einem Hai

Wir befinden uns mitten in Dreharbeiten. Meine Aufgabe besteht darin auf einen Hai zuzuschwimmen und mich ihm dabei so zu nähern, dass er in mir eine Bedrohung sieht und Reißaus nimmt. Nichts einfacher als das! Dieses Spiel habe ich schon einige Male gemacht, allerdings habe auch ich dabei gelegentlich die Flucht ergriffen - gleiches Recht für alle -, aber meistens konnte ich doch bei ihm eine gewisse Form von Rückzug auslösen.

Wir sind alle im Wasser, zwei Kameramänner, der Regisseur, ein Beobachter, ich und natürlich eine Menge Haie. Ich lasse mir Zeit, was für die Gestaltung des Films immer vorteilhaft ist, zeige auf einen Hai, der mir groß genug erscheint und auch beim Publikum die nötige Wirkung erzielt. Ich gebe ein OK-Zeichen, schwimme los und hoffe, dass dieses Hai-Weibchen mitspielt. Natürlich kennen wir beide die Regeln und ich glaube, dass die nun folgenden Szenen im Film auch gut aussehen werden, denn sie hat wirklich eine stattliche Größe und überragt mich bei weitem. Ich nähere mich ihr leicht von der Seite um den Kameraleuten die Ausmaße des Tieres zeigen zu können - und natürlich um auch beim späteren Zuschauer das überwältigte Staunen herauszulocken - und schwimme direkt auf sie zu. Ihre Distanz zum inneren Kreis verringert sich. Ich erhoffe mir natürlich nur eine leichte Reaktion von ihr um mit meinem Auftritt das gesamte Schweinwerferlicht auf mich lenken zu können. Aber zu meinem großen Erstaunen zeigt sie nicht die geringste Regung.

Ich schwimme auf Kollisionskurs mit einem Tier, dass mir an Länge und Gewicht überlegen ist und hinter mir laufen die Kameras! Nun, zwar wurde verlangt, dass ich bei dem Hai das Gefühl einer Bedrohung auslösen soll, doch als jetzt vier Meter vor mir gar keine Reaktion entsteht, rattern mir nun doch in Sekundenschnelle alle Szenarien durch meinen Kopf. Wie es weitergeht, wird sich in zwei bis drei Sekunden zeigen, wenn wir beide nämlich zusammenstoßen werden, es sei denn, sie realisiert endlich, dass wir hier einen Film drehen und sie sich bitte in dieser Einstellung zu fürchten hat! Ich schwimme weiter, so auch das Hai-Weibchen. Ich bin vielleicht noch einen Meter von ihr entfernt und halte krampfhaft Ausschau nach einer Reaktion ihrerseits. Doch es geschieht nichts. Nur nicht den Kopf verlieren, die Situation wird sich entspannen und irgendetwas wird passieren! Als ich auf Armlänge an das Tier herangekommen bin, sehe ich immer noch keine Reaktion. Ich ändere meine Schwimmrichtung nicht! Dasselbe hat sich wohl auch der Hai gedacht, denn Sekundenbruchteile später prallen wir zusammen. Dies ist zwar nicht meine Absicht gewesen, doch habe ich in der ganzen Aufregung vergessen, dass ich gar nicht so schnell bremsen kann, wie ich möchte. Der heftige Aufprall bewirkt zwar, dass sie *endlich* das Weite sucht, doch hat sie mir wirklich die ganze Vorstellung verdorben. Statt des erhofften spektakulären Erfolges im Rampenlicht wurde ich in-

nerhalb von kürzester Zeit wieder aus dem Scheinwerferkegel gedrängt.
Ich traue mich nicht mich umzudrehen, denn ich spüre förmlich das Surren der Kameras hinter meinem Rücken. Bereits denke ich mir alle möglichen Verteidigungsreden und Entschuldigungen aus, weshalb der Hai sich nicht abdrehte, die ich später auf dem Boot vorbringen könnte. Schließlich wage ich es doch mich langsam umzudrehen und schaue in das Gesicht des ersten Kameramannes. Allerdings sehe ich es nicht direkt, sondern nur eine Woge kleiner und großer Luftblasen, die vor mir aufsteigen - der Mann krümmt sich vor Lachen und kann gar nicht mehr damit aufhören. Ich drehe mich wieder um, schaue dem davonschwimmenden Hai nach und beginne ebenfalls zu schmunzeln.

Ich glaube, wir haben zum ersten Mal gefilmt, dass ein Mensch einen Hai rammte, weil das Tier nicht begriff, was man von ihm verlangte. Habe ich es nicht allen seinen Kollegen eindeutig gezeigt, wie es geht? Sind wir nicht unzählige Male durch dieses Prozedere hindurchgegangen? Vielleicht schon, aber unabhängig davon, wie oft man etwas bereits gesagt hat, gibt es immer solche, die nicht zugehört haben. Darin unterscheiden sich Haie auch nicht von den Menschen...

Haie und ihre Gefühle

Menschen diskutieren oft darüber, ob Tiere Gefühle haben, sie Angst empfinden bzw. auch guter oder schlechter Laune sind. Es ist zu diskutieren, ob man überhaupt solche Aussagen machen sollte. Vielleicht ist es sogar falsch, wenn wir versuchen Tiere zu *humanisieren*; vielleicht sollten wir probieren uns zu *animalisieren*. Ich glaube, das Zweite ist wohl die bessere Variante. Weshalb sollte der Mensch nicht die Anstrengung unternehmen sich in die „Denkweise" eines Tieres zu versetzen? Wir Menschen stammen aus derselben Entwicklungslinie wie alle Tiere und haben lediglich bereits einen weiteren Schritt *in Richtung* Perfektion unternommen. Der Mensch ist aber längst nicht vollkomnmen, er steht erst am Anfang, doch hat er bereits - zumindest in seiner Gedankenwelt - eine Stufe erreicht, die ihm gegenüber den restlichen Tieren eine Überlegenheit gibt.

Jeder Mensch hat in seiner embryonalen Phase alle Stadien der Fische, Reptilien und der weiteren, aus unserer Sicht niederen Tiere nicht nur bei der körperlichen Entwicklung durchlaufen, sondern wahrscheinlich auch auf der Gefühlsebene. Doch obwohl wir alle diese Phasen durchlaufen haben, sind wir nicht etwa perfekter entwickelt, sondern nur zu komplexeren Dingen befähigt. Natürlich ist es eine Ermessensfrage, ob man „komplexer" als höher entwickelt bezeichnen will oder nicht. Komplexität bedeutet nicht, dass wir in der Lage sind in entscheidenden Momenten kompetent und fehlerfrei zu handeln, denn sonst würden wir unter Stress oder in Risikosituationen nicht so oft versagen. Es ist wohl eher so, dass wir mehrere Dinge gleichzeitig tun können, wenn die Situation es erfordert.

Auch Tiere können versagen, nicht etwa, weil sie unter Stress eine falsche Entscheidung treffen, sondern weil sie meistens instinktiv handeln. Sie wiederholen Verhaltens- und Entscheidungsmuster, die denen bereits durchlebter Situationen am nächsten kommen. Dass dabei ein Scheitern möglich ist, steht außer Frage. Tiere verharren nicht in gedanklichen Auseinandersetzungen mit Konflikten, sondern lösen sie mit den ihnen von der Natur mitgegebenen Möglichkeiten. Anders der Mensch, der Entscheidungen so herbeiführt, dass das Problem häufig nicht einfach gelöst wird, sondern von ihm oft bewusst etwas Schlechtes kreiert wird.

Ein Tier reflektiert die Natur und ist folglich nicht zu solchen Ansätzen fähig. Es wird, wenn es gesund ist, nicht durch natürliche Prozesse dazu angeregt etwas Böses zu produzieren. Die Umgebung kann Tiere vielleicht aggressiver machen oder für unser Empfinden auch schon einmal leicht reizbar aber keinesfalls böse, auch wenn wir das oft so subjektiv glauben wahrzunehmen. Tiere sollten nicht in menschliche Verhaltens-empfindungen gezwängt werden. Das soll aber nicht bedeuten, dass sie keine Gefühle haben.

Ich möchte an dieser Stelle nun auch nicht das oft tiefe Verhältnis zwischen unseren geliebten Haustieren und uns selbst darstellen, vielmehr interessiert mich die Frage: Können Tiere, die noch nie mit Menschen in Kontakt getreten sind, ebenfalls Gefühle ausdrücken? Wahrscheinlich darf man annehmen, dass das Grundmaterial genetisch vorhanden ist und durch einen Lernprozess in körperliche Ausdrucksmittel umgesetzt werden kann, so dass das Schwanzwedeln eines Hundes auch bei anderen Tieren, die genügend Komplexität besitzen, in einer ihrer Art gemäßen, anderen Form der Körpersprache ausgedrückt wird. Wahrscheinlich sind also auch Schlangen, Krokodile oder sonstige für uns eher unliebsame Kreaturen dazu in der Lage, doch werden, bedingt durch die besondere arttypische Physiognomie, z. B. dicke Haut oder fehlende Mimik, sich deren Gefühlsregungen nicht in gleichem Maße äußern und sichtbar werden.

Kann auch ein Hai eine Emotion zeigen? Haie haben erwiesenermaßen Gefühle in Situationen ausgedrückt, die ganz klar eine Antwort beim Taucher hervorgerufen haben. Auch wenn wir Menschen nicht ihre Sprache sprechen, sind wir bzw. ist unser Unterbewusstsein in der Lage, ihre Körpersprache zu interpretieren und entsprechende Situationen oder drohende Gefahren zu erkennen. Man könnte daher sagen, dass es das Unterbewusstsein ist, das uns befähigt derartige Verhaltensweisen der Haie zu verstehen und richtig zu beantworten. Entsprechend ist es eher schwierig, wenn wir mit unserem Verstand versuchen solche Situationen zu analysieren. Daraus resultieren meistens verschiedene mögliche Antworten, die wir erhalten, denn unser *Unter*bewusstsein reagiert mit *einer*, unser Bewusstsein jedoch mit mehreren. Was kann man daraus schlussfolgern? Sollten wir in der Lage sein, unser unterbewusstes Interpretieren und Reagieren in eine bewusste Handlungsweise umzusetzen, wird es uns möglich mit unseren Tieren in einen Kontakt zu treten, der über jedes rationale Ermessen hinausgeht.

Der Mensch hat schon seit langem den Ehrgeiz entwickelt die Tiere zu verstehen und etliche Berichte ranken sich darum. Meistens werden solche Geschichten als Märchen oder Scharlatanerie abgetan, doch je länger wir uns damit befassen desto klarer wird, dass eine Kommunikation mit allen Arten von Tieren möglich ist. Man braucht lediglich eine Brücke, die diese beiden Welten zusammenführen kann.

In der Anflugbahn eines Hais

Es ist an einem dieser schönen November-Nachmittage in Walker's Cay: klares Wasser, tiefblauer Himmel und ein weiteres Mal sind die Bullenhaie das Zentrum der Aufmerksamkeit.

Wer kennt nicht die Aussage, dass weiße Haie Surfer deswegen angreifen, weil sie von unten wie Seehunde aussehen? Ich will heute für einen Film demonstrieren, dass Haie sehr genau zwischen Fressbarem und Unbekanntem unterscheiden können und somit diese Verwechslungstheorie falsch ist.

Theorien werden oft zu schnell aufgestellt und Forscher nehmen sich häufig nicht mehr die Zeit sich hinzusetzen oder etwa zu tauchen und ein Tier so lange in einer Situation zu beobachten bzw. ein Experiment zu wiederholen, bis man mit relativer Sicherheit Beweise liefern und begründen kann. Doch nicht nur bei Forschern, sondern ganz allgemein betrachtet, erlebe ich oft bei meinen Mitmenschen mehr als nur die Tendenz zu glauben, dass ein kurzes Überfliegen über eine Thematik scheinbar ausreicht um relevante Aussagen machen zu können. Ich traf und treffe immer wieder Leute, die mir klar machen wollen, dass sie, nur weil sie auch schon einmal mit Haien getaucht sind, wissen, worum es generell geht. Nun, es macht einen großen Unterschied, ob man zwei oder drei Mal im Jahr das Verhalten von Riffhaien erlebt und daraus folgert, dass alle Haie in derselben Weise reagieren und man deswegen glaubt kompetent mitdiskutieren zu können, oder ob man sich wirklich täglich mit den unterschiedlichsten Arten in den verschiedensten Situationen „um die Gunst der Korallen prügelt". Hai ist nicht gleich Hai und ein gelegentliches Tauchen mit ihnen bedeutet entsprechend auch nicht sie zu verstehen, sondern eben nur ihnen einige Male begegnet zu sein.

Die Arbeit mit Haien ist nicht selten ein mühsamer Weg, oft verbunden mit Entbehrungen und was letztendlich ausgesagt werden kann, scheint meistens den Aufwand nicht aufzuwiegen. Doch eines der angenehmen Nebenprodukte der Beschäftigung mit Haien ist die Erkenntnis, dass viele der in den letzten Jahren über sie aufgestellten Theorien falsch sind und man folglich als ein auf diesem Gebiet forschender Wissenschaftler keine neuen Projekte kreieren muss, sondern man kann sich lediglich alte Theorien vornehmen und diese widerlegen.
Und „Verwechslungen" sind das zentrale Thema dieses Films.

Natürlich reicht es im heutigen, schnelllebigen und sensationslüsternen Fernsehen nicht mehr aus, wenn man Situationen lediglich nachstellt und dann beschreibt, sondern Zuschauer wollen so etwas richtig mitverfolgen können. Das bedeutet, man will einen Menschen als Versuchskaninchen sehen - und schauen, was passiert.

Bullenhaie reagieren eher weniger auf Surfbretter, da sich ihre Beute normalerweise nicht an der Wasseroberfläche aufhält und entsprechend muss ich eine Situation kreieren, die ihrem Jagdtrieb näher kommt und gleichzeitig die Möglichkeit offenlässt, dass man bei oberflächlicher Betrachtung eben ein Missverständnis beim Tier annehmen könnte und dadurch erklären kann, weshalb früher so argumentiert wurde. Ich habe mir dazu zwei Experimente überlegt. Das eine gehört wieder einmal in die „Da-spinnt-doch-einer"-Kategorie und das zweite würde wohl auch in derselben Ecke Platz finden. Langweilig werden sie beide bestimmt nicht werden.

Das erste Experiment ist schnell erklärt. Ich mache mich bereit mit einem toten Fisch in der Hand ins hüfttiefe Wasser zu gehen, denn während ich da stehe, will ich zeigen, dass ein Hai eine Unterscheidung zwischen meinen Füßen und dem daneben liegenden Fisch treffen kann. Um dem Ganzen die nötige Würze zu geben platziere ich den Fisch nicht neben mir, sondern ich stehe barfuß, ohne Stiefel, auf ihm.

Da befinde ich mich nun im Wasser, schaue umher, ob ich irgendwo etwas Dunkles auf mich zuschwimmen sehe und frage mich, wie ich bloß ein weiteres Mal in eine solche Situation geraten konnte. Es vergehen keine fünf Minuten und zwei große Bullenhaie schwimmen vorsichtig, aber sichtlich interessiert auf mich zu, angelockt durch den Geschmack. Das ist das Einzige, dass sie vom Fisch registrie-

ren können, denn ich verdecke ihn so, dass sie ihn erst in unmittelbarer Nähe sehen können.
Die Bullenhaie bewegen sich am Anfang sehr scheu und kommen nicht näher als drei bis vier Meter zu mir heran. Dann schwimmt einer der beiden sehr direkt auf mich zu und ich bin mir sicher, dass er erkannt hat, wo sich die Quelle des Geruchs befindet. Er dreht ab und kommt plötzlich erneut mit relativ hoher Geschwindigkeit zurück – es fällt mir wie Schuppen von den Augen, was das Tier plant und schon fliege ich rückwärts gegen das Ufer! Der Hai hat realisiert, dass seine einzige Chance an die begehrte Beute, nämlich den Fisch zu kommen darin liegt, das Unbekannte aus dem Weg zu räumen und das geschieht bei Haien nicht durch Argumentieren. Alles, an das ich mich später von dieser blitzschnellen Aktion noch erinnern kann, ist, dass die Rückenflosse vor mir immer größer und sein Kopf „breiter" geworden ist, er mich dann frontal an beiden Schienenbeinen erwischt hat und ich klatschend einen Meter hinter meinem ursprünglichen Standort wieder im Wasser lande.

Als ich mich einigermaßen gesammelt habe, nehme ich zwei Dinge in meiner Umgebung wahr: einen Kameramann mit sehr weißem Gesicht und ein schmerzendes Gefühl, das mich an meine Jugendzeit im Fußballclub erinnert. *So* realistisch habe ich mir das Ganze auch nicht vorgestellt! Nachdem der Kameramann seinen ersten Schrecken überwunden hat - denn er lag unmittelbar hinter mir im Wasser um einen guten Blickwinkel zu haben -, beginnen wir unsere

Sachen zusammenzusuchen. Er sammelt seine Kamera und Taucherbrille ein, ich mein Käppi und die Sonnenbrille... nach einigen, eher ruhigen Sekunden kann ich mir das Lachen aber nicht mehr verkneifen... und auch der Kameramann sieht nun wohl die Ironie des Ganzen. Eigentlich haben wir zeigen wollen, wie präzise der Hai unterscheiden und nicht wie er ein Dilemma auslösen kann! Der eigentliche Plan war ursprünglich ja gewesen, dass der Hai sich für meine Füße bzw. für den sich darunter befindlichen Fisch interessieren würde und ich nach angemessener Zeit einen Schritt zur Seite machen sollte und er den Fisch dann nehmen würde.

Nach einer kleinen Pause, die zum Massieren der Schienenbeine genutzt wird, verspreche ich dem Produzenten, dass der zweite Versuch den Kameramann nicht mehr erschrecken wird. Ich werde mich nun hinter die Futterquelle legen und der Hai wird, nachdem er voraussichtlich einige Runden um mich gedreht hat, den Fisch nehmen. Auch hierbei soll nur bewiesen werden, dass der Hai zwischen mir und dem Futter unterscheiden kann und dies sich nach einem gewissen Zögern auch nehmen wird. Der Kameramann schaut mich zwar zweifelnd an, nimmt aber dann doch unter deutlich sichtbarem Achselzucken die Kamera wieder in die Hand und wir stampfen zurück ins Wasser.

Und da stehe ich nun wieder. Vor mir liegt der Fisch und ich warte. Aus irgendeinem Grund beschleicht mich das Gefühl, dass dieser

Versuch wohl ebenfalls mit einer Überraschung enden wird, aber obwohl ich versuche alle möglichen und unmöglichen Varianten zu durchdenken – und das umso mehr, seit mir vor einigen Minuten klar geworden ist, dass das erste Experiment sehr zu wünschen übrig ließ -, kommt mir keine Idee, was hier unerwartet ablaufen könnte.

Die Zeit vergeht, aber kein Bullenhai scheint mehr an mir oder dem angebotenen Futter interessiert zu sein. Die beiden Tiere, die wir für das erste Experiment um uns herum gehabt haben, sind längst verschwunden. Und so warte ich weiter. Schließlich sehe ich sie plötzlich kommen. Sie ist der größte Bullenhai, den ich je gesehen habe. Tiere, die die normalen Maßstäbe sprengen, nennen wir „Big Mamas" und sie wird diesem Titel wirklich gerecht. Das kann heiter werden, denn sie ist seit dem ersten Blickkontakt mit mir an der Situation interessiert und auch wenn ich mich nun entscheiden würde das Wasser zu verlassen, wäre dies wohl beim Gedanken geblieben, denn sie versperrt mir den Weg.

Eine zweite Abschätzung der Situation macht schnell deutlich, dass sie nicht nur geringfügig größer und schwerer ist, sondern massiv in ihren Ausmaßen... Also besteht auch keine Möglichkeit sich mit ihr zu prügeln, wenn die Situation nun doch in die Richtung rücken sollte, die ich vorher als eine Möglichkeit in Gedanken durchzuspielen versuchte. Und hier kommt sie. Natürlich will es der Zufall, dass der Fisch, der frei auf dem Boden liegt, nicht an der Ausgangsposition geblieben ist, sondern durch eine kleine Strömung in meine Richtung getrieben worden ist und sich nun etwa einen Meter vor mir befindet. Dahinter wird „Big Mama" immer größer, dann schnappt sie nach der Beute ohne sichtlich zu bremsen. Sie realisiert wohl ebenfalls zu spät, dass ich bereits zu nahe bin und sie nicht um mich herumkommen kann - und so geschieht es. Sie muss direkt über mich hinwegschwimmen und dann sehe ich ihren offenen Unterkiefer auf meiner Augenhöhe auf mich zukommen und – wie so oft in meinem Leben – verläuft nun alles in Zeitlupe.

Sie kommt näher, ist jetzt nur noch knapp dreißig Zentimeter von meinem Gesicht entfernt, das Maul immer noch offen. Ich versuche mich so flach wie möglich zu machen und befasse mich bereits damit, dass ich in einer Sekunde ihren Unterkiefer in meiner Stirn spüren würde – und doch kann ich mir das Aufblicken nicht verkneifen. Knapp zehn Zentimeter vor meinem Kopf und bereits zu nahe um noch alles scharf zu sehen schließt sie ihren Kiefer, rammt mich mit dem Unterteil ihrer Schnauze und gleitet mit der gesamten Länge ihres Körpers über meinen nackten Kopf hinweg.

Ich steige im Wasser auf und durchbreche förmlich die Oberfläche, denn ich habe den ganzen Versuch frei tauchend gemacht. Mein OK-Zeichen wird zögernd erwidert und ich schwimme zurück zum Ufer. Ich klopfe dem Kameramann auf die Schultern und gratuliere ihm, dass er die ganze Szene gefilmt hat . Der aber zeigt mir ein ziemlich saures Lächeln und meint nur, dass das Tier so groß war, dass außer dem Hai nichts im Bild zu sehen ist. Ich taste sanft meine Kopfhaut ab, die sehr empfindlich reagiert und erinnere mich daran, dass ich doch vor Jahren bereits schon mal glaubte, gegenüber den Bullenhaien an derselben Stelle einen Sieg erwirkt zu haben.

Das Lächeln der Haie

Die Sichtweite beträgt gerade einmal zehn Meter und ich treibe an der Wasseroberfläche in der Nähe einer Seehundekolonie in Südafrika. Ausgerüstet mit einer Kamera warte ich auf die Dinge, die da kommen sollen. Die Ruhe ist ansteckend und ich versuche meinen Gedanken nachzuhängen... plötzlich sehe ich das Zeichen, worauf ich gewartet habe: Die Fische beginnen aufgeregt umherzuschwimmen. Daraufhin schaue ich mich um und versuche das grüne Wasser mit meinen Blicken zu durchdringen. Irgendwo ist er, ich spüre es, doch abgesehen von den nun sehr chaotisch erscheinenden Bewegungsmustern der Fische finde ich keine weiteren Hinweise, bis ich plötzlich den Blick in meinem Nacken spüre ...

Ich drehe mich langsam um und kaum zwei Meter hinter mir befindet sich ein vier Meter langer und ca. 1,5 Tonnen schwerer weißer Hai. Zwischen uns ist nichts als Wasser und meine Kamera, die diesen gewaltigen Anblick einfängt. Ein erster Blickkontakt findet statt, dann gleitet er so nahe an mir vorbei, dass ich meine Hand über seinen Körper streifen lassen kann. Keine Minute vergeht und das Tier taucht wieder auf.... Ich vergesse die Welt um mich herum und realisiere nicht, dass mich die Strömung vom Boot und meiner Crew wegtreibt.

Mit einem ausgewachsenen weißen Hai zu schwimmen ist wohl das Atemberaubendste, was einem Haiophilen passieren kann. Die Zeit scheint stehen zu bleiben. Das Tier verweilt in meiner Nähe und ich hänge förmlich an seiner Erscheinung. Wenn man sich in so kurzer Distanz zu einem Weißen befindet, entdeckt man Details, die man nie im Fernsehen zu Gesicht bekommt, wie z.B. dass die Tiere gar keine schwarzen, sondern tief blaue Augen besitzen.

Das Wetter ist heute sehr schlecht, keine Sonne und alles wirkt grün, dunkel, kalt und eher unfreundlich. Die Wellen nehmen zu, die Sicht wird schlechter und ich habe zusehends Probleme mich an der Oberfläche zu halten und das Tier mit der Kamera einzufangen, während die Strömung mich weiter weg vom Boot treibt.

Der Hai schwimmt nun häufiger sehr nahe an mich heran und einige Male spüre ich ihn auch an meinen Flossen. Die Situation ist nach wie vor berauschend und einmalig. Doch plötzlich sehe ich eine Veränderung in seinem Verhalten, er scheint nervös zu werden - ich weiß, dass man Tieren keine menschlichen Züge geben sollte, aber wenn man mit wissenschaftlichen Mitteln ein Geschehnis nicht erklären kann, ist Anthropomorphismus ein angenehmes Hilfsmittel um Erklärungsmuster zu beschreiben. Auch ich werde nun von der aufkommenden Spannung angesteckt und fange an, mich schneller um meine Achse zu drehen und versuche das Grün des Wassers mit meinem Blick zu durchdringen. Wenn weiße Haie beginnen nervös zu reagieren und wegschwimmen, gibt es dafür meistens nur eine Begründung: ein weiterer Weißer muss in der Nähe sein.

Als dann plötzlich ein wesentlich größeres Exemplar auftaucht, ruft es auch bei mir eine Form von Nervosität hervor und ich kann nachempfinden, was wohl in dem ersten weißen Hai vorging, als er die Präsenz des zweiten Tieres zu spüren begann. Ich entscheide mich, dass ich mich ebenfalls zurückziehen sollte und halte - zum ersten Mal - nach dem Boot Ausschau, das ich immer noch in meiner unmittelbarsten Umgebung glaubte. Doch das stellt sich als Irrtum heraus!

Das Boot ist weit entfernt. Ein langer und in Anbetracht der Größe dieses Tieres nicht gerade entspannter Rückweg scheint mir bevorzustehen, denn einerseits bewege ich mich gegen die Strömung und andererseits versuche ich diesen sehr großen Weißen im Auge zu behalten und nicht zu intensiv mit den Flossen zu schlagen. Weiße Haie sind bekannt dafür, dass solche Bewegungen den Jagdinstinkt auslösen können. Die Zeit scheint wieder einmal stehen zu bleiben, während das Tier mich nicht aus den Augen lässt. Alles wirkt sehr unrealistisch. Das Wasser ist mittlerweile sehr trüb geworden, die Wellen haben an Höhe zugenommen und die Strömung wird stärker. Ich schwimme an der Oberfläche, „verfolgt" von einem sehr großen, weißen Hai. Das Tier kommt einige Male extrem nahe heran und ich kann es berühren. Wie schon der andere Hai zuvor, scheint auch er größeres Interesse an meinen Flossen zu haben.

Das Boot scheint nicht näher zu kommen und ich glaube wahrzunehmen, dass sich die Crew am Motor zu schaffen macht. Ich kann nicht eindeutig erkennen, woran die Leute wirklich hantieren, denn die Wellen lassen es nicht zu, dass man das Treiben auf dem Schiff wirklich beobachten kann - und ich habe zudem einen weißen Hai unter mir, der mir nicht unbedingt das Gefühl gibt alles mit ruhiger Gelassenheit ausführen zu wollen. So schwimme ich weiter, ab und zu die Richtung kontrollierend und den Rest der Zeit verbringe ich damit den Hai im Auge zu behalten.

Das ist nicht mehr ganz so einfach, denn einerseits werfen die Wellen mich nun ziemlich umher, andererseits verschwindet der Weiße ab und zu und taucht wieder aus Richtungen auf, aus denen ich ihn nicht vermute. Aus irgendeinem Grund scheint das Tier mit mir Katz und Maus spielen zu wollen und bei einem weiteren, *sehr* nahen Vorbeischwimmen, glaube ich wirklich ein schelmisches Lachen in seinen Augen zu sehen. Ob das tatsächlich zutrifft, werde ich wohl nie erfahren.

Endlich sehe ich den Kiel vor mir und der Hai scheint verschwunden zu sein. Noch zwei weitere Flossenschläge und ich erreiche das Boot. Ich blicke mich noch einmal um und der Weiße steht plötzlich wieder hinter mir... und jetzt bin ich mir sicher: das Tier wollte mich während der gesamten Zeit nur ein bisschen necken! Ich gebe die Kamera und

meine Flossen ins Boot, schaue ein letztes Mal nach unten und sehe den Hai langsam in die Dunkelheit verschwinden.
Dann sitze ich wieder auf dem Boot, irgendwo eingezwängt zwischen Kameras, Aus-rüstungen und Tauchflaschen und hänge meinen Gedanken nach. Wie viele Jahre sind seit meinen ersten Erlebnissen mit Haien vergangen? Mit wie vielen Tieren habe ich interagiert? Wie viele Abenteuer habe ich mit ihnen erlebt? Ob Tigerhaie, weiße Haie, Bullenhaie oder Riffhaie, sie alle schienen mit mir zu „reden"... Viele dieser Tiere werde ich nur ein einziges Mal in meinem Leben gesehen haben, anderen werde ich wohl noch häufiger begegnen. Vielleicht werde ich sie eines Tages wirklich verstehen, vielleicht auch nicht, aber eins weiß ich mit Sicherheit: Das Lächeln der Haie existiert!

Lieber Leser, liebe Leserin,

ich hoffe, dieser kleine Streifzug durch meine Welt hat Ihnen die Haie nähergebracht. Haie sind leider keine Kuscheltiere und ihr äußeres Erscheinungsbild entspricht nicht gerade dem, was man als niedlich bezeichnen würde. Dennoch sind sie trotz all ihrer angedichteten negativen Attribute genauso liebenswert wie andere Tiere auch. Doch weil sie eben nicht dem Schema eines schützenswerten Tieres entsprechen, werde sie weiterhin Jahr für Jahr in millionenfacher Höhe abgeschlachtet. Tag für Tag versuchen wir auf diese Missstände hinzuweisen und sind immer dort, wo es darum geht für diese Tiere zu kämpfen. Zu diesem Anlaß wurde in der Schweiz eine Stiftung und ein Presse-dienst gegründet, die zum Ziel haben, nicht nur diese Tiere zu schützen und sie besser zu verstehen, sondern auch Unwahrheiten und Mythen zu korrigieren und über Aktionen, Neugigkeiten und Wissenswertes zu informieren.
Sollten Sie sich weiter mit diesen fantastischen Tieren befassen wollen, so besuchen Sie doch mal die „Hai-Stiftung“ auf dem Internet (www.hai.ch) oder „Shark Info“ (www.sharkinfo.ch).

Ihr Besuch oder vielleicht gar Mithilfe würde mich sehr freuen.

Dr. Erich K. Ritter
Miami